신앙탐구노트 **누리**

신앙탐구노트

누리 ²

글·그림 이재국

성도의 생활 법칙

지평서원

신앙탐구노트 누리

차례

◆ 등장인물 소개 · · · · · · · · · 06
◆ 지은이의 글 · · · · · · · · · · 08

1. 복음 · · · · · · · · · · · 11
2. 영광 · · · · · · · · · · · 19
3. 주님 · · · · · · · · · · · 27
4. 회개 · · · · · · · · · · · 35
5. 구원 · · · · · · · · · · · 43
6. 삼위일체(1) · · · · · · · · 51
7. 삼위일체(2) · · · · · · · · 59
8. 하나님과 사랑 · · · · · · · 67
9. 은혜 · · · · · · · · · · · 75
10. 거룩 · · · · · · · · · · · 83
11. 율법 · · · · · · · · · · · 91
12. 묵상 · · · · · · · · · · · 99

13. 경건 · · · · · · · · · 107
14. 시험 · · · · · · · · · 115
15. 확신 · · · · · · · · · 123
16. 영생 · · · · · · · · · 131
17. 성도 · · · · · · · · · 139
18. 장로 · · · · · · · · · 147
19. 목사 · · · · · · · · · 155
20. 집사 · · · · · · · · · 163
21. 섬김 · · · · · · · · · 171
22. 권징 · · · · · · · · · 179
23. 전도 · · · · · · · · · 187
24. 선교 · · · · · · · · · 195
25. 섭리 · · · · · · · · · 203
26. 고난 · · · · · · · · · 211
27. 결혼 · · · · · · · · · 219

등장인물 소개

누리
초등학교 4학년. 호기심이 많고 밝은 성격이다. 친구 하루에게 이끌려 태어나서 처음으로 교회에 가게 된다.

담임 쌤
나이 불명, 하는 일이 무엇인지도 베일에 싸여 있다. 책과 고기를 좋아한다. 성경과 신학을 비롯해 여러 방면으로 아는 것이 많다.

진주 쌤
유초등부에서 제일 인기 많은 여자 선생님. 직장 생활을 하고 있으며, 성격이 밝고 아이들을 잘 챙겨 준다. 고기보다는 채소를 좋아한다.

글로리
누리의 친구. 똑똑하고 호기심이 많다. 부모님이 선교사였기에 성경에 대해서도 많이 안다.

하루
누리를 전도한 친구. 누리와 같은 반이며, 밝고 낙천적인 성격으로 친구가 많다. 운동을 좋아하지만, 공부는 별로 좋아하지 않는다.

율이
누리가 교회에서 만난 친구. 늘 성경을 들고 다닌다. 성경대로 엄격하게 살려고 애쓴다. 다혈질이라서 쉽게 화를 내지만, 원래 마음은 착하다.

웅이
누리가 교회에서 만난 친구. 먹을 것을 아주 좋아한다. 종종 엉뚱한 생각을 하며, 고민하기보다는 떠오른 생각을 일단 행동으로 옮기는 편이다.

천재 형
중학생. 담임 쌤의 주일학교 제자이다. 잘생겼고 똑똑하고 피아노도 잘 쳐서 여자들에게 인기가 많다. 담임 쌤에게서 성경에 대해 잘 배웠다.

전도사님
교회에서 유초등부를 담당하는 전도사로, 신학교에서 공부하고 있다. 능숙하지는 않지만, 성경을 열심히 연구해 가르치려고 노력한다.

동물 친구들

프뤼
누리가 기르는 고양이 호기심이 많다.

까리따쫑
담임 쌤이 기르는 강아지 고기를 좋아한다.

카봇
글로리가 기르는 고양이 무거워 보이지만 당당이 빠르다.

노르마타
율이가 기르는 앵무새 율이를 닮아 다혈질이다.

즈크
하루가 기르는 고슴도치 가시를 세우며 아프다.

지은이의 글

　교회에서 자주 접하지만 사실 그 내용을 잘 모르는 용어나 개념들이 많습니다. 예를 들어, 복음, 믿음, 거룩, 영광, 경건 같은 것들이지요. 그런데 이런 개념들은 우리가 제대로 알고 삶에 녹여내야 하는 중요한 것들입니다. 신앙탐구노트 누리는 기독교 신앙에서 중요한 개념들을 학생들에게 설명해 주고자 쓴 책입니다. 1권에서는 교회에 처음 와서 접하게 되는 것들 중에서 예배와 복음의 핵심 내용들을 주로 다루었습니다. 그리고 2권에서는 이제 그리스도인으로 살아가기 위해 알아야 하는 내용들을 설명합니다.

　존 파이퍼가 자주 말하듯이, 복음이 우리에게 주는 가장 큰 선물은 가장 탁월하고도 아름다우신 하나님 자신입니다. 복음이 그리스도인의 삶의 시작점이라면, 하나님이 어떤 분인지를 언급하지 않고서는 신자의 삶이 어떠해야 하는지를 말할 수 없지요. 그러하기에 이 책의 앞부분에서는 영광(2장)이나 삼위일체(6,7장)를 다룹니다. 하나님으로부터 시작하여 성도의 삶이 어떠해야 하는지, 그리고 그것이 우리에게 왜 기쁨이 되는지를 전하려고 합니다. 또한 그리스도인의 삶은 혼자 살아가는 것이 아니라 다른 사람들과 함께 어우러지는 것이기 때문에, 뒷부분에서는 교회 및 가정과 관련된 내용들을 다룹니다. 이런 내용들을 통해 성도가 가져야 할 소망과 기쁨, 그리고 삶의 방향성을 배우게 되기를 바랍니다.

주제별로 어디까지 설명해야 할지를 정하는 일이 이 책을 쓰면서 가장 어려웠던 점인 듯합니다. 중요하다고 해서 관련된 내용을 모두 설명하려고 하면 제한된 분량을 넘어설 것이고, 불필요하게 어려워질 테니 말입니다. 그래서 최대한 간결하게 중요한 내용만을 다루려고 했지만, 글이 1권보다 조금 더 많아지는 것을 어쩔 수는 없었습니다. 이해를 돕기 위해, 장마다 있는 질문을 통해 그 장을 요약할 수 있도록 했습니다. 그리고 1권과는 다르게 주제에 맞게 기도할 수 있도록 '기도하기'라는 항목도 추가했습니다.

감사해야 할 분들이 많지만, 무엇보다 책을 읽고 조언해 준 '진짜배기' 블로그의 동역자 이정규 목사님과 황영광 목사님, 그리고 힘이 되어 준 아내에게 고마움을 표합니다. 늘 기도해 주시는 부모님과 장인어른, 장모님, 그리고 다른 모든 가족들에게도 감사하고요. 그리고 올해 많은 기쁨과 위로를 준 시광교회 성도들, 특히 매주 이 책의 한 장 한 장을 재미있게 읽어 준 아이들도 빼놓을 수 없겠지요. 누리 1권과 더불어 이 책이 교회에 조금이나마 유익이 되기를 바랍니다.

신앙탐구노트
누리
【2. 성도의 생활 법칙】

또 이르시되 너희는 온 천하에 다니며
만민에게 복음을 전파하라
- 마가복음 16:15 -

 방학은 최고의 선물이야. 방학 없이 1년 내내 학교만 다닌다고 생각해 봐. 정말 끔찍하지. 이번 겨울방학에는 주로 담임 쌤 집에 가서 놀았어.

 담임 쌤 집에는 신기한 책들도 있고 함께할 수 있는 게임들도 있거든. 그래서 놀다 보면 시간 가는 줄 모르지. 컴퓨터 게임보다 재미있는 것들이 이렇게 많을 줄은 몰랐어. 아! 먹을 게 많다는 건 비밀이야.

게임이 정말 재밌긴 한데, 조심해야 해. 하루가 다혈질이거든. 젠가라는 게임을 하다가 화가 난 하루가 게임을 엎어 버렸지 뭐야.

그래도 괜찮아. 하루는 화가 금방 풀리거든. 화낸 게 민망했는지 하루는 괜히 담임 쌤한테 질문을 했어. 담임 쌤의 아킬레스건, 즉 약점을 콕 찌르는 질문이었지. 저런 표현은 어디서 배운 거래?

담임 쌤은 긍정적이야. 하루의 질문에 당황해하다가 금세 평정을 되찾았지. 그러고는 결혼 소식보다 더 좋은 소식인 복음이 있으니 괜찮다고 말했어.

그런데 복음이 뭘까? 그러고 보니, 교회에서 복음이라는 말을 굉장히 많이 들었는데 말이야. 글로리는 성경에 '복음'으로 끝나는 책이 네 권이나 있다고 이야기했어.

담임 쌤이 복음에 대해 설명해 주셨어. 복음은 기쁜 소식이라는 뜻이래. 이 세상에는 여러 가지 기쁜 소식들이 많이 있지만, 그중에서 가장 기쁜 소식이 바로 복음이라는 거야.

우리는 정말 갖고 싶어했던 멋진 선물을 받으면 기뻐하잖아? 그런 것처럼, 복음은 하나님께서 우리가 정말 갖고 싶어할 만한 최고의 것을 주신다는 소식이라서 기쁜 소식이래. 대체 뭘 주시는 걸까?

복음은 하나님께서 우리의 죄를 해결해 주신다는 소식이래. 하나님께서 예수님을 통해 죄를 해결해 주신다는 소식이 바로 복음인 거야. 담임 쌤은 죄가 얼마나 끔찍한지를 알게 되면 이 소식이 얼마나 기쁜 것인지를 이해할 거라고 하셨어.

그런데 죄를 해결해 주시는 것이 복음의 전부가 아니래. 바로 하나님 자신이 하나님께서 우리에게 주시는 최고의 선물이라는 거야. 가장 멋지고 아름다우신 하나님을 사랑하며 하나님의 사랑을 받는 행복을 누릴 수 있게 만들어 주시는 거지.

담임 쌤은 복음을 정말 기뻐하려면 두 가지를 알아야 한다고 하셨어. 죄가 얼마나 끔찍한지, 그리고 하나님이 얼마나 아름다운 분인지를 알아야 한다는 거야. 담임 쌤도 이런 것들을 알아 가면서 복음을 기뻐하게 되었대. 그리고 하나님을 마음껏 즐거워하는 삶을 살 수 있게 되었다고 하셨지.

물론 담임 쌤이 항상 행복해하는 건 아니야.

하지만 나도 담임 쌤처럼 복음을 더 기뻐하고 싶어졌어. 담임 쌤처럼 하나님과 성경을 잘 알게 되면 그럴 수 있겠지?

그런데 담임 쌤은 언제 결혼할까?

- 1화 끝 -

주제와 관련된 말씀

내가 ☐☐을 부끄러워하지 아니하노니 이 ☐☐은 모든 믿는 자에게 구원을 주시는 하나님의 능력이 됨이라 먼저는 유대인에게요 그리고 헬라인에게로다.

_로마서 1장 16절

그리스도께서도 단번에 죄를 위하여 죽으사 의인으로서 불의한 자를 대신하셨으니 이는 우리를 ☐☐☐ 앞으로 인도하려 하심이라 육체로는 죽임을 당하시고 영으로는 살리심을 받으셨으니.

_베드로전서 3장 18절

함께 생각해 보기

1. 복음이란 무엇인가요?

2. 복음은 우리에게 어떤 것들을 선물하나요?

기도하기

하나님, 복음이 저에게 정말 기쁜 소식이 되게 해 주세요. 하나님께 사랑받고 하나님을 사랑하는 것이 얼마나 행복한 일인지를 알게 해 주세요. 예수님의 이름으로 기도합니다. 아멘.

영광의 왕이 누구시냐
만군의 여호와께서 곧 영광의 왕이시로다
- 시편 24:10 -

방학 동안 친구들을 만나 열심히 놀았어. 어린이의 특권이지! 오늘도 신 나게 놀려고 했는데, 글로리가 어떤 상자를 들고 왔어.

글로리의 아빠가 준 비밀 상자래. 글로리는 자기 이름에 무슨 의미가 있는지를 알고 싶어했거든. 그랬더니 아저씨가 이제 때가 된 것 같다면서 이 상자를 주셨다지 뭐야. 힌트가 숨어 있대.

종이에는 딱 한 단어만 적혀 있었어. '카봇'이라고 말이야.

카봇은 글로리네 고양이 이름이잖아! 그게 글로리의 이름이 무슨 뜻인지를 알려 주는 힌트라는 거지.

글로리는 카봇의 이름에 대해 조금 알고 있었어. '카봇'은 히브리어로 '무겁다'라는 의미래. 카봇이 좀 많이 무겁긴 하지.

그런데 그게 글로리의 이름이랑 무슨 상관이 있을까?

카봇에게는 놀라운 점이 있긴 해. 바로 다른 고양이들이나 동물들이 카봇을 엄청 좋아하고 따른다는 거야. 다른 동물들의 눈에는 카봇이 너무 멋있어 보이는 걸까?

이 정도로 궁금해졌으니 답을 알아야 할 때가 된 것 같아. 그래서 다 같이 글로리의 아빠를 만나러 갔지. 아저씨는 웃음소리가 참 컸어. 사실 글로리의 웃음소리도 꽤 크지. 아저씨는 웃으면서 글로리 이름의 비밀을 알려 주셨어.

영광이라는 말은 정말 아름답고 가치 있고 탁월한 것을 가리킬 때 사용한대. 그러면 글로리가 나중에 커서 탁월하고 위대한 사람이 되라고 그런 이름을 지으신 걸까? 아저씨는 그렇지 않다고 하셨어.

아저씨는 글로리가 하나님의 영광을 위해 사는 사람이 되기를 바라는 마음으로 이름을 그렇게 지었다고 하셨지! 예전에 하나님의 영광을 위해 산다는 게 뭔지 배웠잖아. 하나님을 기뻐하고 닮아 가고 하나님의 뜻대로 사는 것이 하나님의 영광을 위해 사는 거지.

글로리 아빠를 통해 하나님의 영광이라는 말이 무슨 의미인지도 알게 되었어. 하나님께서 탁월하고 아름다운 분이라는 말인 거야. 하나님께 영광을 돌리기 위해 하나님을 기뻐해야 한다는 것도 사실 당연한 말이지. 멋진 하나님의 영광을 경험하면 당연히 기쁠 테니까!

지난번에 담임 쌤이 이야기하셨잖아. 하나님께서 얼마나 아름다운 분인지를 알면 복음이 정말 기쁜 소식이라는 것을 알게 된다고 말이야. 그 말은 우리가 하나님의 영광을 경험해야 한다는 뜻이었어. 하나님의 영광을 경험하고 기뻐할수록 복음이 점점 더 기쁜 소식이 될 테니 말이야.

아저씨는 글로리가 하나님을 기뻐하고 닮아 갈 뿐만 아니라 하나님의 뜻대로 살아가는 사람이 되기를 바라신 거야. 글로리는 드디어 자기 이름의 정확한 의미를 알게 되었지.

글로리는 앞으로 하나님의 영광을 위해 살겠다고 다짐했어. 그리고 하나님의 영광을 더 많이 경험하고 싶대. 사실 나도 그래.

하나님의 영광을 경험할수록 복음도 더 기쁜 소식이 되겠지!

- 2화 끝 -

주제와 관련된 말씀

주를 찬송함과 주께 ☐☐ 돌림이 종일토록 내 입에 가득하리이다.

_시편 71편 8절

그들이 주의 나라의 ☐☐을 말하며 주의 업적을 일러서, 주의 업적과 주의 나라의 위엄 있는 ☐☐을 인생들에게 ☐☐ 하리이다.

_시편 145편 11,12절

함께 생각해 보기

1. 영광이라는 말은 무슨 의미인가요?

2. 하나님의 영광이라는 말은 무슨 의미인가요? 하나님의 영광을 경험하면 왜 기쁠까요?

기도하기

하나님, 하나님께서 정말 아름답고 가치 있고 탁월하시다는 것을 하나님의 영광이라고 한다는 것을 배웠습니다. 우리가 하나님의 영광을 경험할 수 있게 해 주세요. 그리고 하나님의 영광을 위해 살아가고 싶은 마음을 갖게 해 주세요. 예수님의 이름으로 기도합니다. 아멘.

나의 주님이시요 나의 하나님이시니이다
- 요한복음 20:28 -

겨울방학 때 교회에서 수련회를 간대. 그것도 바다로 말이야!

수련회에서는 주로 말씀을 배우는데, 놀면서 서로 친해지기도 하고 맛있는 것도 먹는대. 무엇보다 바다로 가게 되어 너무 좋았어.

드디어 수련회를 떠나는 날이 되었어. 여행 가기 참 좋은 날씨였어.

친구들도 모두 모였어. 다들 들떠 있었지.

출발하기 전에 전도사님이 우리를 모아 놓고 기도를 하셨어.

그런데 기도할 때 유난히 많이 사용하는 단어가 있었어. 바로 '주님'이라는 말이었어. 주님이라… 무슨 뜻인지 알았던 것 같은데? 뭐였더라?

옆에 있던 하루가 설명해 줬어.

맞아. 예전에 주일에 대해 배울 때, 보통 예수님을 주님이라고 부른다고 했어. 하나님을 가리킬 때도 있고 말이야.

책을 많이 읽는 글로리가 좀 더 설명해 줬어. 성경이 기록된 시기에는 사람들이 황제 같은 통치자를 주님이라고 불렀대. 노예가 자기 주인을 부를 때도 주님이라고 했고. 예전에는 노예제도가 있었잖아.

옛날에는 예수님을 주님이라고 부르면 잡혀가 벌을 받았대. 그때는 황제를 주님이라고 불러야 했지. 그래서 예수님을 주님이라고 부르면 황제에게 반역한다고 여겨진 거야. 하지만 예수님을 믿는 사람들은 예수님이 세상을 다스리는 진정한 주인이라고 믿고서 그분을 주님이라고 부르는 거래.

그래서 예수님을 주님이라고 부르는 건, 온 세상의 주인이신 예수님의 뜻대로 살겠다고 고백하는 거래. 어떤 것을 결정할 때도 내 마음대로가 아니라 하나님의 뜻을 따르겠다는 고백인 거야.

그런데 내 마음대로 할 수 없다면, 그건 좀 힘들지 않으려나?

하지만 담임 쌤은 그렇지 않다고 하셨어. 우리가 예수님을 주님이라고 부르는 건 예수님을 사랑하게 되었기 때문이래. 예수님께서 우리 죄를 해결해 주시고 하나님이 얼마나 아름다운 분인지를 알게 해 주셨거든. 그래서 우리가 예수님 뜻대로 사는 것을 오히려 기뻐하게 되는 거지.

생각해 보면, 예수님을 믿는 사람이라면 예수님의 뜻대로 살고 싶어하는 게 당연한 것 같아. 예수님을 믿는 사람들은 하나님의 영광을 위해 살 때 가장 기쁘다는 것을 알잖아. 그리고 사실 예수님의 뜻이 바로 하나님의 영광을 위해 사는 거니 말이야.

하루는 곰곰이 생각에 잠기더니 뭔가 깨달았다는 듯 말했어. 예수님의 뜻대로 살고 싶어지려면 하나님의 영광을 제대로 경험해야 할 것 같다는 거야.
정말 그런 것 같아. 하나님이 얼마나 아름답고 탁월하고 가치 있는 분인지를 경험하면 예수님의 뜻대로 사는 것이 기쁘고 행복할 테니 말이야.

우리를 흐뭇하게 바라보던 담임 쌤은 하루의 말이 맞다고 하셨어. 하나님의 영광을 경험하면, 예수님이 우리 주님이라는 사실이 너무나 기쁘고 즐거워진대. 그리고 예수님을 따라 살고 싶어질 거래.

지난번에도 생각했지만, 하나님의 영광을 경험하는 게 정말 중요한 것 같아.
나는 지금도 예수님이 좋고, 예수님을 주님이라고 부르는 것도 기뻐.
하지만 하나님의 영광을 더 경험하면 더 기쁘겠지?

- 3화 끝 -

주제와 관련된 말씀

하늘에서는 ☐ 외에 누가 내게 있으리요 땅에서는 ☐밖에 내가 사모할 이 없나이다.

_시편 73편 25절

우리가 살아도 ☐를 위하여 살고 죽어도 ☐를 위하여 죽나니 그러므로 사나 죽으나 우리가 ☐의 것이로다.

_로마서 14장 8절

함께 생각해 보기

1. 우리는 왜 예수님을 주님이라고 부를까요?

2. 주님의 뜻대로 사는 것이 나에게 행복일 수밖에 없는 이유는 무엇일까요?

기도하기
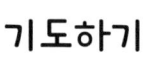

하나님, 우리가 예수님을 주님이라고 부르는 것이 무슨 의미인지를 배웠습니다. 우리가 예수님을 더 사랑하게 해 주시고, 하나님의 영광을 더 경험해 주님 뜻대로 살기를 기뻐하게 해 주세요. 예수님의 이름으로 기도합니다. 아멘.

때가 찼고 하나님의 나라가 가까이 왔으니
회개하고 복음을 믿으라
- 마가복음 1:15 -

드디어 바다로 출발했어. 우리 반은 담임 쌤이 운전하는 차에 탔지. 다들 신 나서 마음이 들떠 있었어. 나도 처음 가는 수련회에 마음이 두근거렸지.

그런데 담임 쌤은 내비게이션을 쓰지 않았어. 매우 자신 있게 지도 같은 건 필요 없다고 하셨지. 요즘에는 스마트폰이 길을 잘 알려 주는데 말이야. 너무 자신만만하셔서 나는 당연히 쌤이 길을 잘 찾아가실 거라고 생각했어.

그런데 문제가 생겼어. 바다로 가야 하는데 산으로 와 버린 거야. 큰일이지.
제시간에 가야 점심을 먹을 수 있는데, 이미 늦어 버린 것 같았어.
나도 마음이 불안해지기 시작했어.

오랜만에 율이가 폭발했어. 율이는 정해진 것을 어기는 걸 엄청 싫어하거든.
내비게이션을 쓰지 않다가 지각하게 되었으니 화가 날 거야.
그런데 회개가 뭐였지? 전에 들었는데 말이야.

예수님을 믿을 때 들었던 내용이었지. 글로리가 좀 더 자세히 설명해 줬어. 회개란 마음과 삶을 하나님께로 돌이키는 거래. 잘못된 길에서 올바른 길로 돌아서는 거지. 나도 마음을 돌이켜 예수님을 믿게 된 거야.

담임 쌤은, 회개하려면 자신이 그동안 잘못된 길을 추구하면서 살아왔다는 것을 깨달아야 한다고 하셨어. 내가 지은 죄를 슬퍼하고 후회하는 것이 회개하는 사람의 모습이지. 담임 쌤이 잘못된 길로 운전했다는 것을 깨닫고서 후회하듯이 말이야.

그렇지만 후회 자체가 회개는 아니래. 회개란 하나님이 나에게 가장 가치 있는 분이고 내가 따라야 하는 분이라는 것을 고백하는 거야. 예수님을 주님으로 고백하고 하나님의 영광을 위해 살려고 하는 게 진짜 회개인 거지. 나도 예수님을 믿을 때 그랬어.

담임 쌤은 주의할 점이 하나 있다고 하셨어. 회개 자체가 죄를 해결해 주지는 않는다는 거야. 죄를 해결해 주시는 분은 예수님이지. 그런 면에서 회개는 죄를 해결해 주시는 예수님을 의지하는 거야.

게다가 회개란 한 번 하고서 끝나는 게 아니래. 예수님을 믿는 사람들도 죄를 짓고 싶어할 때가 많잖아. 그래서 계속 회개해야 하지. 그런 면에서 회개는 예수님을 믿는 사람이 나타내야 하는 특징이야.

담임 쌤은, 한마디로 회개란 죄와 세상을 사랑하는 데서 돌이켜 하나님을 사랑하게 되는 거라고 하셨어. 그리고 우리가 하나님의 영광을 경험하고 복음이 얼마나 기쁜 소식인지를 알아 갈수록 더욱 회개하는 삶을 살게 될 거래.

담임 쌤은 마음을 돌이켜 스마트폰 내비게이션 앱을 사용하기로 했어. 그리고 쌤이 가지고 있던 스마트폰이 얼마나 좋은 건지를 깨닫게 되었지. 앞으로는 담임 쌤 마음대로 운전하지 않겠지?

물론 우리가 지각했다는 사실은 변하지 않았어. 그래서 길을 가다가 맛있어 보이는 음식점에 들어가 점심을 먹었지. 담임 쌤이 밥을 사 주셨어.
담임 쌤은 음식이 맛있어서 행복한 걸까, 아니면 돈을 많이 써서 슬픈 걸까?

- 4화 끝 -

주제와 관련된 말씀

베드로가 이르되 너희가 ☐☐하여 각각 예수 그리스도의 이름으로 세례를 받고 죄 사함을 받으라 그리하면 성령의 선물을 받으리니.
_사도행전 2장 38절

무릇 내가 사랑하는 자를 책망하여 징계하노니 그러므로 네가 열심을 내라 ☐☐ 하라.
_요한계시록 3장 19절

함께 생각해 보기

1. 회개란 무엇인가요?

2. 회개가 예수님을 믿는 사람의 특징인 이유는 무엇인가요?

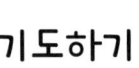

하나님, 우리가 죄를 지으면서 사는 것이 얼마나 끔찍한 일인지를 깨닫게 해 주세요. 그리고 하나님이 얼마나 아름다운 분인지를 더 많이 알게 해 주세요. 그래서 날마다 하나님을 더 사랑하고, 하나님께로 돌이키고 회개하는 삶을 살게 해 주세요. 예수님의 이름으로 기도합니다. 아멘.

이 곤고한 자가 부르짖으매
여호와께서 들으시고 그의 모든 환난에서 구원하셨도다
- 시편 34:6 -

우여곡절이 있었지만, 마침내 우리는 수련회 장소에 도착했어. 우린 도착하자마자 바다로 뛰어갔지.

진주 쌤이 늦게 도착한 우리를 데리러 나와 있었어.
진주 쌤은 주일학교 선생님 중에 하루가 제일 좋아하는 선생님이야. 하루는 나중에 크면 예쁘고 착한 진주 쌤처럼 되고 싶대.

그런데 담임 쌤이 진주 쌤 앞에서 어쩔 줄을 몰라 하는 거야. 담임 쌤이 점심부터 고기를 먹은 것 때문에 진주 쌤에게 혼났거든. 담임 쌤이 저렇게 당황하는 모습은 처음 봤어.

그러자 하루가 질문했어. 혹시 담임 쌤이랑 진주 쌤이 서로 사귀고 있느냐고 말이야. 나는 별 쓸데없는 것을 다 묻는다고 생각했어. 그럴 리가 있겠어?

그런데 진짜로 둘이 사귀고 있다는 거야! 사귄 지는 얼마 되지 않았대. 믿을 수가 없었어. 담임 쌤에게 여자 친구가 생겼다는 것도 놀랍지만, 그 여자 친구가 진주 쌤이라니! 진주 쌤은 정말 주변에서 인기가 많거든.

기쁜 일이었지만, 하루는 왠지 실망한 표정이었어. 하루는 자기가 좋아하는 진주 쌤이 뭔가 영화 같은 연애를 하기를 바랐는지도 몰라. 물론 하루는 담임 쌤도 좋아하지만 말이야.

그런데 교회에서 구원이라는 말을 많이 들었는데, 무슨 뜻이지?

글로리가 설명해 줬어. 구원은 비참한 상태에 있는 사람이 자기 힘으로는 그 상황에서 빠져나올 수 없을 때, 그 사람을 구해 주는 거래. 그러니까 구원이란 하나님께서 절망적인 상태에 빠진 죄인을 구해 주셨다는 걸 말하지.

담임 쌤은, 하나님이 우리를 구원하신 것이 얼마나 기쁜 일인지를 알려면 죄인의 처지가 얼마나 비참한지를 알아야 한다고 하셨어. 하나님이 구해 주지 않으시면, 이 세상에서 죄인은 자기가 받을 벌을 계속 쌓아 가면서 스스로를 망가뜨릴 수밖에 없지.

뿐만 아니라 죄인은, 하나님이 원래 사람을 만드셨을 때 사람들이 경험하기를 원하셨던 진짜 행복을 알 수가 없대. 왜냐하면 죄인은 자기 힘으로 하나님을 사랑하거나 하나님의 영광을 위해 살아갈 수 없기 때문이지.

담임 쌤은, 하나님께서 비참한 상태에 빠진 죄인들을 구해 하나님을 사랑하고 하나님의 영광을 위해 살게 하신다고 하셨어. 그래서 구원받기 전에는 몰랐던 진짜 행복을 경험하게 하신다는 거야.

하나님의 영광을 위해 살게 되면 하나님이 주시는 진정한 행복과 기쁨을 경험하게 될 테니 당연히 행복할 거야. 비참한 상태였던 죄인이 최고의 기쁨을 누릴 수 있게 되다니! 구원받는다는 것은 정말 기쁘고 좋은 소식이구나!

아무튼 담임 쌤은 솔로일 때는 몰랐던 행복을 깨닫게 되었대. 그러니까 담임 쌤이 진주 쌤에게 구원받은 거로군! 물론 하루는 아직 인정하고 싶지 않은 것 같지만 말이야.

- 5화 끝 -

주제와 관련된 말씀

내 영혼이 여호와를 즐거워함이여 그의 ☐☐을 기뻐하리로다.

_시편 35편 9절

우리를 ☐☐하시되 우리가 행한 바 의로운 행위로 말미암지 아니하고 오직 그의 긍휼하심을 따라 중생의 씻음과 성령의 새롭게 하심으로 하셨나니.

_디도서 3장 5절

함께 생각해 보기

1. 구원이란 무엇인가요?

2. 구원은 왜 우리에게 기쁜 소식일까요?

기도하기

하나님, 비참한 상태에서 저를 건져 내 참된 행복을 주시는 구원이 얼마나 기쁜 소식인지를 알게 해 주세요. 그리고 우리를 구원하시는 선한 하나님을 더 기뻐하고 사랑할 수 있게 해 주세요. 예수님의 이름으로 기도합니다. 아멘.

주 예수 그리스도의 은혜와 하나님의 사랑과 성령의 교통하심이
너희 무리와 함께 있을지어다
- 고린도후서 13:13 -

전도사님은, 수련회는 말씀을 집중해서 배우기 위한 시간이라고 강조했어. 물론 우리는 놀고 먹는 데 관심이 더 많지만 말이야.

그래도 난 하나님을 잘 알고 싶거든. 그래서 이번 기회에 열심히 말씀을 배워 보겠다고 다짐했지. 이번 수련회에서 배울 주제는 바로 삼위일체래. 삼위일체도 교회에서 많이 듣는 단어 중 하나이지.

그런데 삼위일체를 설명하는 일이 쉽지는 않은가 봐. 몇 달 전부터 전도사님이 어떻게 하면 이 주제를 잘 설명할 수 있을지 고민하시더라고. 교회에 놀러 갈 때마다 그 모습을 봤거든.

말씀을 듣기 전에 조별로 삼위일체에 대해 토론하는 시간을 가졌어. 글로리는 자기가 아는 것을 이야기했지. 삼위일체는 하나님이 어떤 분인지를 나타내는 표현이래. 그런데 본질이라는 말은 대충 알겠는데, 위격은 뭐지?

그러자 담임 쌤이 설명해 주셨어. 위격은 인격과 비슷한 말이래. 사람은 각각 하나의 인격을 가지고 있잖아. 그런데 하나님은 위격이 셋이야. 하지만 이것을 다중 인격이나 정신 분열 같은 것으로 생각하면 안 된대. 하나님은 하나이시면서 성부, 성자, 성령의 세 위격으로 존재하시는 분이거든.

* 성부 = 아버지
성자 = 아들 = 예수님

성경은 하나님이 삼위일체라는 것을 가르쳐 준대. 하나님이 유일하신 분인 동시에 성부, 성자, 성령 하나님으로 셋이라고도 가르치는 거지. 한 하나님이신 동시에 성부, 성자, 성령 하나님이 계신 거야. 그리고 세 하나님은 모두 동등한 하나님이시고. 정말 신비하지?

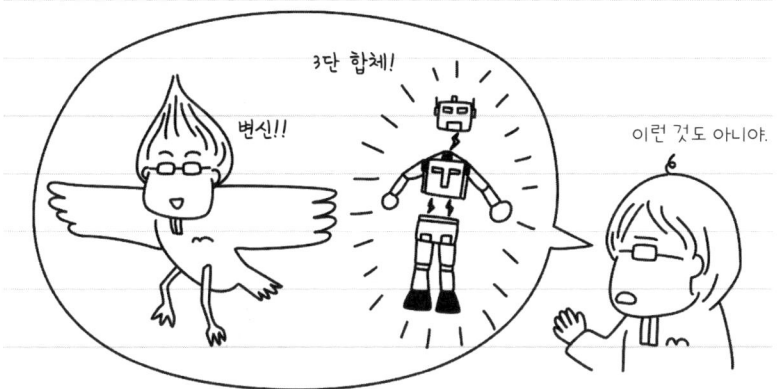

담임 쌤은 삼위일체에 대해 오해하지 말아야 한다고 하셨어. 하나님이 어떨 땐 성부로, 어떨 땐 성자로, 또 어떨 때는 성령으로 변신하는 식이 아니지. 또는 로봇처럼 셋이 하나로 합체하는 것도 아니야. 하나님이 정말 하나이면서 동시에 셋이라는 것을 받아들이는 게 중요하대.

어려운 개념을 설명하기 위해 예를 들기도 하잖아? 그런데 삼위일체를 완벽하게 설명해 주는 예는 없대. 크고 위대하신 하나님을 완벽하게 설명할 만한 게 이 세상에는 없기 때문이지.

솔직히 이해하기가 어려웠어. 그런데 글로리는 다 이해하지 못하는 게 당연하다고 했어. 하나님은 무한하시기 때문에, 한계가 있는 인간이 다 이해할 수 없는 게 당연하다는 거야. 그래서 우리는 하나님이 다 이해할 수 없는 대단한 분이라는 것을 인정해야 하고 말이야.

그렇다면 이해하기 어려운 삼위일체를 왜 배워야 할까? 대답은 간단했어. 우리가 하나님을 사랑하고 기뻐하려면 하나님이 어떤 분인지를 알아야 하기 때문이지. 하나님을 잘 알게 되면 하나님을 더욱 사랑하게 될 테니 말이야. 그래서 성경은 하나님이 삼위일체 하나님이라는 것을 알려 주는 거지.

삼위일체를 배워야 하는 이유가 하나 더 있어. 하나님께 영광 돌리는 방법 중 하나가 바로 하나님을 더 닮아 가는 거라고 했잖아! 하나님을 닮기 위해서는 하나님이 어떤 분인지를 알아야 해. 그러니까 당연히 삼위일체에 대해서도 알아야 하는 거야.

담임 쌤은 이해하기 어렵더라도 성경이 가르치는 것을 그대로 받아들여야 한다고 하셨어. 다 알 수는 없겠지만, 하나님을 더 알아 갈수록 하나님을 더 사랑하고 닮아 갈 수 있겠지? 수련회에서 하나님이 어떤 분인지를 조금 더 배울 수 있을 것 같아. 그런데 설교는 어디서 듣지? - 6화 끝 -

주제와 관련된 말씀

예수께서 세례를 받으시고 곧 물에서 올라오실새 하늘이 열리고 ☐☐☐의 ☐☐이 비둘기같이 내려 자기 위에 임하심을 보시더니, 하늘로부터 소리가 있어 말씀하시되 이는 내 사랑하는 ☐☐이요 내 기뻐하는 자라 하시니라.

_마태복음 3장 16,17절

그러므로 너희는 가서 모든 민족을 제자로 삼아 ☐☐☐와 ☐☐과 ☐☐의 이름으로 세례를 베풀고.

_마태복음 28장 19절

함께 생각해 보기

1. 삼위일체란 무엇인가요? 삼위일체에 대해 어떤 오해들이 있을까요??

2. 삼위일체를 다 이해할 수 없는 이유는 무엇일까요? 그런데도 우리가 삼위일체에 대해 알아야 하는 이유는 무엇일까요?

기도하기

하나님, 하나님은 너무 위대하셔서 우리가 다 이해하지 못합니다. 그러나 하나님이 삼위일체 하나님이시라는 것을 잘 알게 해 주세요. 그래서 하나님을 더 사랑하고 닮아 갈 수 있게 해 주세요. 예수님의 이름으로 기도합니다. 아멘.

사랑하지 아니하는 자는 하나님을 알지 못하나니
이는 하나님은 사랑이심이라
- 요한일서 4:8 -

드디어 전도사님이 본격적으로 설교를 시작했어. 전도사님이 열심히 준비하셨을 테니 나도 잘 들어야겠다고 생각했지. 물론 하나님을 더 사랑하고 닮아 가고 싶어서 열심히 듣고 싶기도 해!

전도사님은 하나님이 어떻게 하나이면서 셋인지를 차근차근 설명해 주셨어. 나는 담임 쌤과 글로리의 설명을 미리 들었기 때문에 이해하기가 더 쉬웠지. 물론 어려운 부분도 있었지만 말이야.

전도사님은 삼위일체를 통해 하나님이 사랑이시라는 것을 알 수 있다고 하셨어. 하나님이 셋이면서 하나라는 사실은 성부, 성자, 성령 하나님이 서로를 사랑하면서 하나로 존재하신다는 것을 보여 준다는 거야. 아, 예수님이 바로 성자 하나님이셔.

사람들은 서로 사랑하면 하나가 된 것같이 느낀대. 전도사님은 사람이 하나님의 형상으로 창조되어서 그렇다고 하셨어. 물론 삼위일체 하나님은 사람들이 사랑할 때 하나가 된 것처럼 느끼는 것과는 다르지. 하나님은 진짜 하나이시거든.

하나님이 사랑이시라는 사실은 성경에 잘 나타난대. 성경을 통해 성부, 성자, 성령 하나님이 서로 사랑하시는 모습을 알 수 있지. 예를 들어, 삼위 하나님은 서로를 완전히 사랑하시기 때문에 서로에 대한 사랑을 드러내는 방식으로 일하신대. 하나님은 어떻게 사랑을 드러내실까?

하나님은 서로 사랑하기 때문에 각각 다른 역할을 하면서도 완전히 조화롭게 일하신대. 뿐만 아니라 삼위 하나님은 서로 사랑하기 때문에 서로를 더 높이는 방식으로 일하신대. 사랑하기 때문에 서로의 영광이 더 드러나기를 원하시는 거야.

전도사님은 바로 예수님이 서로 사랑하시는 하나님의 모습을 잘 보여 주신다고 설명하셨어. 예수님은 성부 하나님의 계획에 순종해 사람이 되어 고난을 받으시고, 십자가에서 죽기까지 하셨거든. 하나님은 이 정도로 서로를 사랑하시지. 하나님은 정말 사랑이셔.

놀라운 사실이 하나 더 있어. 하나님은 항상 서로를 사랑하기 때문에 외롭지도 않으시대. 어떤 사람들은 하나님이 외로워서 이 세상을 만드셨다고 생각하지만, 그건 완전히 잘못된 생각인 거지. 셋이면서 완전히 하나이신 사랑의 하나님은 외로운 적이 없으시니 말이야.

그뿐만이 아니야. 하나님이 서로를 영원히 사랑한다는 것은 하나님이 언제나 행복이 넘치시는 분이라는 사실을 말해 준대. 사랑하면 행복하잖아! 하나님의 사랑이 무한하고 영원하니까 하나님은 언제나 행복이 넘치시는 거야. 그러니까 하나님은 우울하실 리가 없겠구나!

사랑과 행복을 주시는 하나님!

마지막으로, 전도사님은 행복하신 하나님이 우리를 만드신 이유를 설명하셨어. 하나님은 행복을 나눠 주기 위해 우리를 만드셨대. 하나님이 서로만 사랑하시는 게 아니라, 그 사랑을 우리에게 나눠 주셔서 우리도 행복하게 해 주시는 거야.

다른 친구들은 어떤지 모르겠지만, 나는 수련회 설교가 너무 좋았어. 하나님이 어떤 분인지를 조금 더 알게 되었거든. 하나님은 정말 엄청난 분이셔. 위대한 분일 뿐만 아니라 좋은 분이기도 하시지. 사랑과 행복이 넘치시고, 우리에게 그 사랑과 행복을 나눠 주시는 분이니 말이야.

예배가 끝난 다음에 나는 전도사님을 찾아가 고맙다고 인사를 드렸어. 열심히 준비해서 하나님이 어떤 분인지를 잘 알려 주셨으니 말이야. 전도사님은 지쳐 보였지만 흐뭇해하셨지. 학교 수업 시간에도 이렇게 열심히 들으면 선생님이 좋아하시겠지?

- 7화 끝 -

주제와 관련된 말씀

하나님이 우리를 ☐☐하시는 ☐☐을 우리가 알고 믿었노니 하나님은 ☐☐이시라 ☐☐ 안에 거하는 자는 하나님 안에 거하고 하나님도 그의 안에 거하시느니라.

_요한일서 4장 16절

보라 아버지께서 어떠한 ☐☐을 우리에게 베푸사 하나님의 자녀라 일컬음을 받게 하셨는가. 우리가 그러하도다 그러므로 세상이 우리를 알지 못함은 그를 알지 못함이라.

_요한일서 3장 1절

함께 생각해 보기

1. 삼위일체는 하나님이 어떤 분이라는 것을 알려 주나요?

2. 하나님이 사랑의 하나님이라는 사실은 우리에게 왜 중요할까요?

기도하기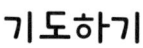

하나님, 하나님께서 사랑의 하나님이시고, 언제나 서로를 사랑하며 행복한 분이라는 것을 배웠습니다. 그리고 우리를 사랑하셔서 행복을 나누어 주시는 분이라는 것도 알게 되었습니다. 그런 하나님께 감사하게 해 주시고, 하나님을 더 사랑하게 해 주세요. 예수님의 이름으로 기도합니다. 아멘.

사랑하는 자들아 우리가 서로 사랑하자
사랑은 하나님께 속한 것이니
사랑하는 자마다 하나님으로부터 나서 하나님을 알고
- 요한일서 4:7 -

수련회에서 설교만 듣는 건 아니야. 여러 가지 다른 활동들도 하지. 아, 마니또라는 것도 했어. 각각 친구들의 이름이 적힌 종이가 담긴 통에서 한 장씩 제비를 뽑아. 자기가 뽑은 친구에게 수련회 기간 동안 몰래 잘해 주는 비밀 임무 같은 거야.

생각해 보니 누구를 뽑느냐에 따라 쉬울 수도 있고 어려울 수도 있을 것 같아. 친하지 않은 사람을 뽑으면 잘해 주기가 어렵잖아. 게다가 몰래 잘해 주는 건 더 어렵겠지.

잘해 준다는 것에 대해 서로 생각이 다른 것도 문제야. 웅이는 율이를 뽑았나 봐. 그런데 잘해 주는 방법으로 율이의 간식을 대신 먹어 주는 걸 선택했대. 집에서 웅이가 할머니의 간식을 대신 먹었더니 할머니가 좋아하셨다나.

결국 웅이는 율이랑 한바탕 말다툼을 하고서 담임 쌤에게 마니또를 왜 해야 하느냐고 물었지. 그러자 담임 쌤은 이번 수련회 주제와 관련해 서로 사랑하는 것을 실천해 보려고 마니또를 한다고 하셨어.

그런데 이번 수련회의 주제는 삼위일체잖아. 사랑을 실천하는 것이 삼위일체와 무슨 상관이 있을까? 사실 서로 사랑해야 한다는 것은 이미 알고 있어. 예전에 이웃 사랑에 대해 배웠거든. 그런데 삼위일체와 사랑이 무슨 관계가 있는지는 전혀 모르겠어.

율이는 삼위일체 하나님이 서로 사랑하라고 명령하셨기 때문인 것 같다고 했어. 물론 하나님은 성경에서 서로 사랑하라고 하셨지. 그런데 충분한 대답은 아닌 것 같아. 사랑하는 것만이 하나님의 명령은 아니잖아?

담임 쌤이 명쾌하게 정리해 주셨어. 우리는 하나님을 닮아 가야 하잖아? 그런데 서로를 사랑하는 것이 우리가 삼위일체 하나님을 닮는 방법이래. 하나님은 사랑이시니 말이야. 그래서 하나님은 우리가 사랑하기를 원하시지. 우리가 서로 사랑하는 만큼 하나님을 닮아 갈 테니 말이야.

게다가 담임 쌤은 잘못된 방식으로 사랑하지 않도록 조심해야 한다고 하셨어. 내 마음대로 사랑하는 것은 잘못된 사랑이 되기 쉽대. 하나님이 성경에서 말씀하고 보여 주신 대로 사랑해야 올바른 사랑이지. 사랑은 하나님에게서 나오니 말이야.

담임 쌤은 하나님께서 가치 있다고 말씀하시는 것을 사랑해야 한다고 하셨어. 가치가 없는 것을 가치 있다고 착각하고서 사랑하는 경우가 많대. 그래서 진짜 가치 있는 것이 뭔지를 알고 그것을 사랑하는 것이 중요한 거야.

예를 들어 볼까? 많은 사람들이 사람보다 돈이나 명예가 더 중요하고 가치 있다고 착각해. 사실은 반대인데 말이야. 왜 그렇게 착각하는 걸까? 바로 죄 때문이래. 사람들의 마음속에 있는 죄가 진짜 가치 있는 것을 알아보지 못하게 하고, 가치 없는 것을 사랑하게 만드는 거야.

많은 사람들이 죄 때문에 헛된 것을 사랑하고 추구하면서 사는 거야. 그리고 가장 가치 있고 아름다운 분인 하나님을 사랑하지 않는 거지. 정말 그런 것 같아. 나도 죄를 회개하고 예수님을 믿기 전까지는 하나님을 사랑하지 않았으니까.

아무튼 사랑한다는 건 삼위일체 하나님을 닮아 가는 것이라서 중요해! 그리고 하나님의 뜻대로 올바르게 사랑하는 것도 중요하고 말이야. 웅이도 그것을 이해했나 봐. 율이가 과자보다 더 가치 있다는 것을 인정하고 율이한테 과자를 선물로 줬지 뭐야.

- 8화 끝 -

주제와 관련된 말씀

이 세상이나 세상에 있는 것들을 ☐☐하지 말라 누구든지 세상을 ☐☐하면 아버지의 ☐☐이 그 안에 있지 아니하니.

_요한일서 2장 15절

어느 때나 하나님을 본 사람이 없으되 만일 우리가 서로 ☐☐하면 하나님이 우리 안에 거하시고 그의 ☐☐이 우리 안에 온전히 이루어지느니라.

_요한일서 4장 12절

함께 생각해 보기

1. 우리는 왜 서로 사랑해야 하나요? 그것은 삼위일체와 무슨 상관이 있나요?

2. 올바른 사랑이란 무엇인가요? 왜 사람들은 종종 가치 있는 것보다 가치 없는 것을 사랑하나요?

주님, 삼위일체 하나님이 사랑이시기에 우리도 서로 사랑해야 한다는 것을 알았습니다. 우리가 서로를 사랑함으로써 하나님을 닮아 가게 해 주세요. 그리고 우리 마음의 눈을 열어 주셔서 진짜 가치 있는 것들을 사랑하게 해 주세요. 무엇보다 최고로 가치 있으신 하나님을 사랑하게 해 주세요. 예수님의 이름으로 기도합니다. 아멘.

너희는 그 은혜에 의하여 믿음으로 말미암아 구원을 받았으니
이것은 너희에게서 난 것이 아니요 하나님의 선물이라
- 에베소서 2:8 -

수련회에서 저녁을 먹기 전에 팀을 나누어 여러 가지 게임을 했어. 이긴 팀과 진 팀의 저녁식사 메뉴가 다르기 때문에 다들 이기려고 열심이었지. 우리 팀도 열심히 하긴 했지만, 상대 팀에 있는 하루가 너무 잘했어.

이긴 팀은 바비큐를 먹기로 했고, 진 팀은 건강에 좋은 채소를 먹기로 했지. 우리 팀은 져서 풀이 죽어 있었어. 건강도 좋지만, 맛있는 고기를 먹고 싶었거든. 담임 쌤도 슬퍼 보였어.

그런데 놀라운 일이 벌어졌어. 진주 쌤이 우리에게 고기를 가져다주신 거야. 알고 보니 이긴 팀이 고기를 같이 나눠 먹기로 했다지 뭐야. 수련회에서 배운 대로 사랑을 실천하기로 했대. 우리는 정말 기뻤지!

열심히 몸을 움직여서 그런지 배가 무척 고팠어. 다들 정신없이 고기를 먹었지. 그러다가 어느 정도 배가 찼을 때쯤에 글로리가 말했어. 고기를 먹을 수 있게 된 건 정말 은혜라고 말이야.

그런데 은혜가 뭘까? 교회에서는 은혜라는 말을 정말 많이 듣거든. 그래서 은혜라는 말이 정확하게 무슨 의미인지 궁금해졌어.

담임 쌤은 은혜가 하나님의 사랑을 가리키는 것이라고 하셨어. 은혜는 특별히 사랑받을 자격이 없는 사람에게 하나님이 베푸시는 사랑을 말한대. 고기를 먹을 자격이 없는 우리 팀이 고기를 먹게 된 것처럼 말이야.

우리는 하나님께 사랑을 받거나 구원을 받을 자격이 없는 죄인들이었어. 그런 우리를 하나님께서 사랑하고 구원해 주셨지. 그래서 성경은 우리가 은혜로 구원을 받는다고 말해. 이렇게 자격 없는 죄인인 우리에게 하나님께서 사랑을 베푸시는 것이 바로 은혜라는 거야.

은혜가 뭔지 이제 알겠어.

그런데 교회에서 어른들은 종종 감동을 받을 때도 "은혜 받았다"라고 말하잖아? 이미 구원이라는 은혜를 받았는데, 또 무엇을 받아서 그렇게 말할까?

글로리는 "은혜 받았다"는 말이 하나님의 사랑을 경험했다는 의미라고 설명했어. 하나님의 사랑은 한 번 경험하고 끝나는 게 아니니 말이야. 우리가 예배할 때나 살면서 하나님의 사랑을 경험할 때 "은혜 받았다"라고 표현하는 거지.

그렇다면 우리는 어떻게 은혜를 경험할 수 있을까? 담임 쌤은 말씀과 기도와 성례를 통해 하나님의 은혜를 경험한다고 하셨어. 성례는 세례와 성찬을 말해. 이것들은 다 예배할 때 하는 거지. 그래서 사람들이 예배할 때 하나님의 은혜를 경험하는 거야. 그래서 예배가 중요한 거고.

담임 쌤은 우리가 얼마나 끔찍한 죄인이었는지를 알면 알수록 하나님의 은혜가 얼마나 엄청난 것인지를 알게 된다고 이야기하셨어. 자신이 정말로 받을 자격이 없는데도 사랑받았다는 것을 깨닫게 되니 말이야.

오늘 또 한 가지 중요한 것을 배웠네. 하나님은 받을 자격이 없는 우리에게 아낌없이 사랑을 베풀어 주시는 멋진 분이셔. 그리고 나도 하나님의 은혜를 더 많이 경험하고 싶어졌어!

- 9화 끝 -

주제와 관련된 말씀

여호와는 □□로우시며 긍휼이 많으시며 노하기를 더디 하시며 인자하심이 크시도다.

_시편 145편 8절

우리는 그리스도 안에서 그의 □□의 풍성함을 따라 그의 피로 말미암아 속량 곧 죄 사함을 받았느니라.

_에베소서 1장 7절

함께 생각해 보기

1. 은혜란 무엇일까요? 은혜와 사랑은 어떤 관계가 있나요?

2. 우리는 은혜를 어떻게 경험할 수 있을까요? 은혜를 경험하기 위해 우리가 해야 할 일이 있을까요?

기도하기

주님, 우리는 하나님의 사랑을 받을 자격이 없는 죄인이지만, 하나님께서 그런 우리에게 사랑을 베푸신다는 것을 배웠습니다. 하나님이 은혜 베푸시는 분이라는 것을 잊지 않게 해 주세요. 그리고 우리가 날마다 하나님의 은혜를 경험하게 해 주세요. 예수님의 이름으로 기도합니다. 아멘.

서로 불러 이르되 거룩하다 거룩하다 거룩하다
만군의 여호와여 그의 영광이 온 땅에 충만하도다 하더라
- 이사야 6:3 -

우리 교회는 오래전부터 겨울 수련회에서 각자의 한 해 목표를 세웠대. 그래서 다들 어떤 목표를 세워야 할지 고민했어. 방학 계획도 잘 안 세우는데, 일 년 목표를 어떻게 세우지?

저마다 취향에 따라 생각하는 목표도 달랐어. 전도사님은 수련회에서 들은 말씀과 연관시켜 목표를 세우는 것도 좋다고 하셨어. 그래도 잘 모르겠더라고. 어떤 목표를 세워야 할까?

하루는 담임 쌤의 목표에도 관심이 많아 보였어. 담임 쌤이 진주 쌤이랑 사귄다는 사실이 충격적이긴 했나 봐. 사실 나도 궁금해졌어. 담임 쌤의 올해 목표는 뭘까?

의외로 담임 쌤은 거룩한 사람이 되는 게 올해의 가장 중요한 목표라고 대답하셨어. 거룩하다는 것이 뭘까? 예전에 교회에서 재미없는 사람을 보고 "저 사람은 너무 거룩해"라고 말하는 걸 들은 적이 있어. 그래서 안 좋은 의미인 줄 알았는데, 좋은 뜻인가 보네.

거룩은 하나님에 대해 묘사하는 말이래. 하나님이 이 세상에 있는 어떤 사람들이나 다른 모든 것들보다 위대하시다는 것을 "거룩하다"라고 표현하는 거야. 하나님이 다른 무엇보다 탁월한 존재라는 것을 거룩하다고 말하지.

그리고 거룩하다는 말은 도덕적으로도 완전하다는 것을 말한대. 거룩하신 하나님은 누구보다도 도덕적으로 완벽한 분이셔. 하나님보다 더 사랑이 넘치고 정의롭고 선하신 분은 없거든! 그러니까 하나님이 거룩하시다는 말은 사실 하나님이 정말 멋지고 아름답고 완벽한 분이라는 의미야.

그런데 하루는 왜 담임 쌤이 거룩한 사람이 되려고 하는지 궁금해했어. 그러게 말이야. 하나님이 거룩하신 분이라는 것은 알겠는데, 왜 담임 쌤도 거룩해지려는 걸까? 담임 쌤은 하나님이 아니잖아.

성경을 잘 아는 글로리가 설명해 줬어. 거룩하다는 말은 하나님뿐만 아니라 사람이나 사물을 가리킬 때도 사용된대. 예를 들어, 하나님과 특별한 관계를 맺거나 하나님의 소유로 따로 구별된 것을 거룩하다고 말한대. 그러니까 사람이 하나님과 특별한 관계를 맺으면 거룩하다고 할 수 있지.

담임 쌤이 덧붙여 설명하셨어. 예수님을 믿고 구원받은 사람들은 하나님과 특별한 관계를 맺게 된대. 구원받은 사람들이 하나님의 자녀가 되고, 하나님이 그들의 아버지가 되시는 거야. 굉장히 특별한 관계가 되는 거지. 그래서 예수님을 믿는 사람들을 거룩하다고 할 수 있는 거래.

게다가 구원받은 사람들은 탁월하실 뿐만 아니라 도덕적으로도 완전하신 하나님을 점점 닮아 갈 수 있게 된대. 그것을 성화라고 한다고 전에 배웠지? 그리고 하나님을 닮아 갈수록 당연히 더 거룩해질 거야. 하나님처럼 정말 사랑이 넘치고 선하고 정의로운 사람이 되어 가는 거지.

결국 거룩한 사람이 된다는 것은 세상에서 가장 멋지고 아름다우신 하나님의 자녀로서 그 하나님을 닮아 간다는 말이야. 거룩해진다는 것은 사실 엄청 멋진 일이지! 나도 올해 목표를 담임 쌤처럼 거룩해지는 것으로 세워야 할 것 같아.

물론 담임 쌤의 올해 목표가 거룩해지는 것만 있지는 않을 거야. 결혼도 하고 싶지 않을까? 하루는 조금 다르게 생각하는 것 같긴 하지만 말이야

- 10화 끝 -

주제와 관련된 말씀

너희는 나에게 □□할지어다 이는 나 여호와가 □□하고 내가 또 너희를 나의 소유로 삼으려고 너희를 만민 중에서 □□하였음이니라.

_레위기 20장 26절

오직 너희를 부르신 □□한 이처럼 너희도 모든 행실에 □□한 자가 되라.

_베드로전서 1장 15절

함께 생각해 보기

1. 하나님께서 거룩하시다는 것은 어떤 의미일까요?

2. 우리가 거룩해진다는 것은 무슨 뜻일까요? 어떻게 하면 우리가 거룩해질 수 있을까요?

기도하기

주님, 하나님께서 얼마나 거룩한 분인지를 알게 해 주시고, 거룩하신 하나님을 사랑하게 해 주세요. 그리고 우리도 거룩하신 하나님의 자녀로서 하나님을 닮아 거룩해지기를 소망하게 해 주시고, 정말로 거룩한 사람이 되게 해 주세요. 예수님의 이름으로 기도합니다. 아멘.

율법 안에서 의롭다함을 얻으려 하는 너희는
그리스도에게서 끊어지고 은혜에서 떨어진 자로다
- 갈라디아서 5:4 -

수련회가 끝나고 다들 일상으로 돌아왔어. 물론 수련회 때 세웠던 목표대로 살기 위해 애쓰고 있지. 율이도 이번 수련회에서 목표를 세웠나 봐. 그런데 그 목표가 "성경의 율법에 절대 순종"이래.

율이는 목표를 이루기 위해 굉장히 많은 것들을 철저하게 행해야 한다고 했어. 날마다 한 시간 이상 기도하고, 한 시간 이상 성경을 읽고, 부모님을 공경하기 위해 부모님 말씀에도 완전히 순종하고…. 할 것들이 엄청 많대.

율이는 목표를 이루려고 열심히 살았어. 그런데 몇 가지 부작용이 나타나기 시작했어. 그중 하나는 다른 사람을 비판하는 거야. 자기처럼 말씀대로 열심히 살지 않는 사람들을 다 나쁘게 생각하는 거지.

또 다른 부작용은 율이가 점점 지쳐 간다는 거야. 모든 율법을 제대로 지키는 것은 아무리 노력해도 안 되는 일인가 봐. 율이는 율법을 지키는 데 실패할 때마다 회개 기도를 하기로 했대. 그런데 문제는 기도할 시간이 점점 쌓여서 하루 종일 회개 기도만 해야 할 정도라는 거야.

그런데 율법이 뭐지? 하나님의 말씀을 말하는 것 같은데, 정확하게 뭔지 궁금해. 그리고 율이처럼 열심히 노력해도 완전히 지킬 수 없다면, 왜 하나님이 율법을 사람들에게 주신 건지도 궁금하고.

마침 천재 형을 만났어. 그래서 천재 형에게 율법에 대해 물어봤지. 천재 형은, 어떻게 사는 것이 올바른 것인지를 알려 주려고 하나님께서 성경을 통해 주신 명령이 바로 율법이라고 설명했어. 그렇다면 하나님께서 왜 율법을 주셨을까? 율법이 있으면 뭐가 좋지?

하나님이 주신 율법에는 세 가지 기능이 있대. 첫 번째는, 잘못된 행동을 알려 주고 그것이 죄라는 것을 가르쳐 주는 거야. 율법이 있기 때문에 우리 자신이 죄인이라는 사실을 알게 되지. 율법을 통해 우리가 하나님의 말씀대로 살고 있지 않다는 것을 깨닫게 되니 말이야.

두 번째는, 죄를 짓지 못하도록 억제해 준대. 예를 들어, 도둑질을 하면 감옥에 가둔다는 법이 있으면 쉽게 도둑질을 못 하겠지? 법 때문에 죄짓기를 주저하게 되는 거지. 물론 그런데도 죄를 짓는 사람들이 있긴 하지만 말이야.

마지막으로, 율법은 어떻게 살아야 하나님께 영광 돌릴 수 있는지를 알려 준대. 어떻게 사는 것이 올바르며 우리에게 진정한 기쁨을 주는 것인지를 알려 주는 지침이지. 성경에 나타난 율법을 통해 올바르게 사는 법을 배울 수 있는 거야.

그런데 주의할 점이 있대. 율법은 억지로 지킨다고 지킬 수 있는 것이 아니래. 율이가 그랬던 것처럼, 사람은 절대로 율법을 올바르게 다 지킬 수 없는 거야. 오히려 자신이 율법을 조금 지킨다고 교만해지거나 율법을 지킨 것 때문에 구원을 받을 거라고 착각할 수 있지. 그러면 어쩌지?

천재 형은 예수님을 믿고 은혜를 경험하는 것이 중요하다고 이야기했어. 하나님의 은혜를 경험하면 마음이 변화되어 율법을 사랑하게 되거든. 그리고 하나님께서 우리에게 힘을 주셔서 은혜를 경험하여 율법을 따를 수 있게 하시지.

천재 형의 설명 덕분에 무엇이 문제였는지를 깨달았어. 그래서 율이는 하나님의 은혜를 경험하고 율법을 지킬 힘을 달라고 하나님께 기도하겠다고 마음먹었지. 나도 그렇게 기도해 볼까?

- 11화 끝 -

주제와 관련된 말씀

그러므로 ☐☐의 행위로 그의 앞에 의롭다하심을 얻을 육체가 없나니 ☐☐으로는 ☐를 깨달음이니라.
_로마서 3장 20절

여호와여 내가 주의 구원을 사모하였사오며 주의 ☐☐을 ☐☐☐하나이다.
_시편 119편 174절

함께 생각해 보기

1. 율법은 무엇인가요? 율법의 세 가지 기능에는 무엇이 있나요?

2. 우리 힘으로 율법을 다 지킬 수 있나요? 지킬 수 없다면 우리는 어떻게 해야 할까요?

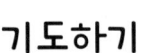

하나님, 하나님께서 성경에 나온 율법을 통해 우리가 어떻게 살아야 하는지를 알려 주신다는 것을 배웠습니다. 그리고 우리 힘으로는 율법을 다 지킬 수 없다는 것도 알았습니다. 우리에게 은혜를 주셔서 율법을 사랑하는 마음으로 바꿔 주시고, 율법을 지킬 수 있는 힘도 주세요. 예수님의 이름으로 기도합니다. 아멘.

12화 묵상

이 율법책을 네 입에서 떠나지 말게 하며 주야로 그것을 묵상하여
그 안에 기록된 대로 다 지켜 행하라
그리하면 네 길이 평탄하게 될 것이며 네가 형통하리라
- 여호수아 1:8 -

하루는 담임 쌤이 진주 쌤과 연애한다는 것 때문에 충격을 받았어. 그 뒤로 하루는 담임 쌤과 진주 쌤이 데이트할 때 무엇을 하는지 늘 궁금해했지.

결국 하루는 궁금증을 못 참고 담임 쌤에게 직접 물어보기로 결심했어. 그리고 담임 쌤에게로 달려가 진주 쌤이랑 데이트할 때 주로 뭘 하는지 단도직입적으로 물어봤지.

담임 쌤은 진주 쌤을 만나면 주로 맛있는 음식을 먹으러 간대. 그런데 담임 쌤과 진주 쌤이 좋아하는 음식이 달라서 식당을 고르기가 쉽지 않대. 담임 쌤은 고기를 좋아하는데, 진주 쌤은 채소와 과일을 더 좋아한다는 거야.

물론 서로 잘 맞는 부분도 있대. 담임 쌤과 진주 쌤은 데이트할 때마다 말씀 묵상한 것을 서로 이야기한대. 둘 다 그것을 무척 좋아한다고 하셨지. 하루는 실망한 표정이었어.

아무래도 하루가 점점 더 곤란한 질문을 할 것 같아서 나는 대화의 주제를 바꿔야겠다고 생각했어. 그래서 담임 쌤에게 묵상이 뭐냐고 물어봤지. 사실 궁금하기도 해. 말씀을 묵상한다는 것이 뭐지?

담임 쌤은 기다렸다는 듯이 신 나게 대답하셨어. 말씀을 묵상한다는 것은 성경에 적힌 하나님의 말씀이 무슨 의미인지를 마음 깊이 생각하는 거래. 그러니까 말씀의 의미를 제대로 이해하기 위해 계속 그 말씀을 생각하는 것이 바로 묵상이지.

성경을 많이 읽는 것도 중요하지만, 말씀 한 구절 한 구절의 의미를 아는 것이 더 중요해. 밥을 먹을 때도 그냥 삼키지 않고 꼭꼭 씹어 먹어야 소화가 잘되잖아? 그것처럼 성경 말씀을 후루룩 읽어 버리는 것이 아니라 진짜 의미가 무엇인지를 곱씹어 생각해야 하는 거야.

성경을 읽을 때는 내 마음대로 대충 의미를 생각하면 안 돼. 성경을 통해 하나님께서 진짜 하고 싶어하시는 말씀이 무엇인지를 알아야 하지. 그리고 그렇게 성경이 진짜로 말하는 것이 무엇인지를 알고 싶다면, 성경 말씀을 천천히 묵상해야 한대.

담임 쌤은 말씀을 이해하는 것으로 끝나지 않고 그 말씀을 마음에 깊이 새기기 위해 묵상한다고 하셨어. 우리는 하나님의 말씀을 금방 잊어버리고 내 마음대로 살기가 쉽거든. 그래서 말씀을 잊어버리지 않도록 묵상해야 하는 거야. 하나님 말씀대로 하루하루를 살기 위해 말이야.

담임 쌤은 말씀을 제대로 묵상하기 위해 가장 중요한 것이 바로 기도라고 하셨어. 우리가 말씀의 의미를 제대로 이해하도록 성령 하나님께서 도와주셔야 하기 때문이지. 그러니까 우리가 말씀을 이해하도록 도와달라고 하나님께 기도해야만 제대로 묵상할 수 있는 거야.

담임 쌤은 하나님의 말씀을 듣고 싶으면 성경 말씀을 묵상해야 한다고 강조하셨어. 하나님은 성경을 통해 우리에게 말씀하시거든. 담임 쌤과 진주 쌤은 말씀을 묵상하면서 하나님을 알아 가는 게 너무 좋대. 그래서 데이트할 때도 서로 묵상한 것을 나누는 거야.

담임 쌤의 설명을 듣다 보니 갑자기 말씀을 읽고 싶어졌어. 빨리 집에 가서 기도하고 성경 읽고 묵상해야지. 하나님께서 성경을 통해 뭐라고 말씀하시는지가 정말 궁금하거든!

- 12화 끝 -

주제와 관련된 말씀

복 있는 사람은 악인들의 꾀를 따르지 아니하며 죄인들의 길에 서지 아니하며 오만한 자들의 자리에 앉지 아니하고 오직 여호와의 율법을 즐거워하여 그의 율법을 주야로 ☐☐하는도다.

_시편 1편 1,2절

나의 반석이시요 나의 구속자이신 여호와여 내 입의 말과 마음의 ☐☐이 주님 앞에 열납되기를 원하나이다.

_시편 19편 14절

함께 생각해 보기

1. 말씀을 묵상한다는 것은 무엇인가요? 왜 묵상해야 할까요?

2. 말씀을 제대로 묵상하기 위해서는 무엇이 필요할까요?

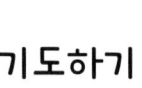

하나님, 하나님은 성경을 통해 우리에게 말씀하시는 분입니다. 우리가 날마다 하나님의 말씀을 마음 깊이 새기고 묵상하게 해 주세요. 그래서 우리가 하나님께서 뭐라고 말씀하시는지를 잘 깨닫고 하나님을 더 사랑할 수 있게 해 주세요. 예수님의 이름으로 기도합니다. 아멘.

육체의 연단은 약간의 유익이 있으나 경건은 범사에 유익하니
금생과 내생에 약속이 있느니라
- 디모데전서 4:8 -

오늘은 글로리와 함께 담임 쌤에게 놀러 가기로 했어. 그래서 먼저 글로리를 만나러 교회로 갔지. 글로리는 교회 도서관에서 책 읽는 것을 좋아하거든. 우리 교회 도서관에는 책이 아주 많아.

생각해 보면, 나랑 친한 사람들은 나름대로 개성이 뚜렷한 것 같아. 각자의 특징이 잘 드러나거든. 아무래도 내 주변 사람들 중에서는 내가 가장 평범한 것 같아. 그렇지?

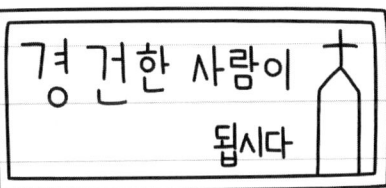

글로리와 함께 교회를 나서다가 교회 벽에 붙은 문구를 보았어. 사람들이 올해의 목표를 세우는 것처럼, 교회도 해마다 목표를 세워 붙여 놓거든.
올해 교회의 목표는 "경건한 사람이 되자"래.

경건이라는 말은 무슨 뜻일까? 경건도 거룩하다는 말처럼 가끔 안 좋은 의미로 쓰이는 것을 봤거든. 모범생이고 교회도 열심히 다니는데 재미없어서 같이 놀기 싫은 사람에게 그런 표현을 쓰더라고.
이것도 담임 쌤에게 물어봐야 할 것 같아서 바로 담임 쌤에게로 갔어.

담임 쌤은 경건이 "하나님을 사랑하고 존경해서 하나님의 뜻을 따르려 하는 상태"라고 설명하셨어. 사람들이 각자 자기만의 특징을 가진 것처럼, 예수님을 믿는 사람에게서 나타나는 특징이 바로 경건이래.

왜 예수님을 믿어야만 경건해질 수 있을까? 하나님을 사랑하고 존경하기 위해서는 당연히 하나님께서 어떤 분인지를 알아야 하기 때문이지. 특히 하나님께서 얼마나 큰 권위를 가진 거룩하신 분인지를 알게 되면 하나님을 사랑하고 존경하게 될 거야.

담임 쌤은 경건이 행동으로도 드러난다고 하셨어. 성경은 정말 경건한 사람이 어려운 사람들을 사랑하고 도와준다고 가르친대. 마음과 행동 모두가 하나님을 따르는 상태인 사람이 바로 경건한 사람이지.

게다가 경건한 사람은 어려움을 당할 때 하나님을 신뢰하면서 그것을 견뎌 낸대. 경건한 사람은 하나님께서 어떤 분인지를 알기 때문이지. 하나님이 선하실 뿐만 아니라 이 세상을 다스리는 왕이시기 때문에 어려움을 이겨 낼 힘을 주실 거라 믿고서 참고 견디는 거야.

생각해 보니, 경건한 사람이 되는 게 결코 쉽지는 않은 일 같아. 그런데 담임 쌤은 너무 어렵게 생각하지 말라고 하셨어. 우리 힘으로 경건해지는 게 아니라 예수님이 주시는 은혜로 경건해지기 때문이야.

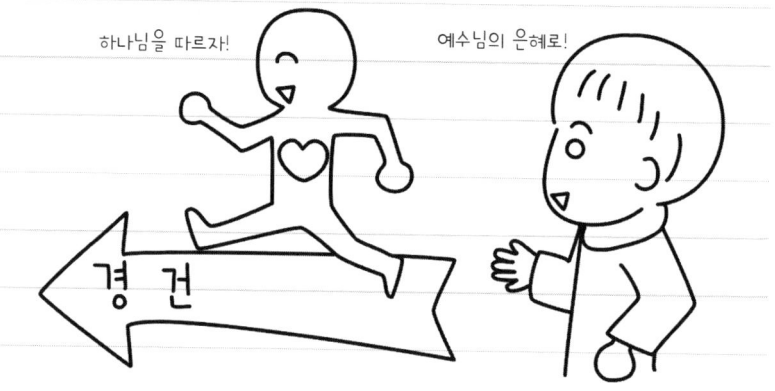

예수님께서 우리를 구원해 하나님을 알게 하시고, 하나님을 사랑하고 존경하게 만들어 주시지. 예수님이 주시는 은혜를 통해 우리는 자연스럽게 하나님을 존경하고 따르는 경건한 사람이 될 수 있는 거야.

알고 보니 경건도 거룩처럼 굉장히 아름답고 멋진 것이더라고. 사실 정말 경건한 사람이라면 하나님의 뜻대로 살면서 다른 사람들을 사랑할 거야. 그런 사람이라면 당연히 멋진 사람 아니겠어?

교회에 적혀 있는 것처럼, 많은 사람들이 경건한 사람이 되면 참 좋을 것 같아. 다들 하나님을 사랑하고 따르며 서로 사랑한다면 교회가 더욱 아름답고 멋진 곳이 되겠지? 나도 경건한 사람이 되고 싶어.

- 13화 끝 -

주제와 관련된 말씀

크도다 □□의 비밀이여, 그렇지 않다 하는 이 없도다 그는 육신으로 나타난 바 되시고 영으로 의롭다하심을 받으시고 천사들에게 보이시고 만국에서 전파되시고 세상에서 믿은 바 되시고 영광 가운데서 올려지셨느니라.
_디모데전서 3장 16절

하나님 아버지 앞에서 정결하고 더러움이 없는 □□은 곧 고아와 과부를 그 환난 중에 돌보고 또 자기를 지켜 세속에 물들지 아니하는 그것이니라.
_야고보서 1장 27절

함께 생각해 보기

1. 경건이란 무엇인가요? 경건한 사람의 특징은 무엇인가요?

2. 내가 경건한 사람이 되기 위해서는 무엇이 필요할까요?

기도하기

하나님, 주님은 우리를 구원하여 하나님을 사랑하고 존경하며 따르는 경건한 사람이 되도록 이끄시는 분입니다. 우리가 경건한 사람이 되기를 더욱 소망하고 바랄 수 있게 해 주세요. 그리고 예수님의 은혜로 우리가 경건한 사람이 되도록 인도해 주세요. 예수님의 이름으로 기도합니다. 아멘.

시험을 참는 자는 복이 있나니 이는 시련을 견디어 낸 자가
주께서 자기를 사랑하는 자들에게 약속하신
생명의 면류관을 얻을 것이기 때문이라
- 야고보서 1:12 -

교회에서 성경 시험을 보기로 했어. 성경을 열심히 읽으라고 격려하기 위해 하는 행사인데, 몇 년에 한 번씩 한대. 글로리는 엄청 기대하고 있어. 상품도 준다고 했거든.

유초등부에서 성경을 가장 잘 아는 사람은 글로리랑 율이야. 글로리랑 율이는 성경 시험을 치면서 불타오르는 듯한 열정을 보여 줬어.
나는 시험을 잘 봤냐고? 음, 문제는 잘 읽었지!

그런데 웅이는 성경 시험을 보지 않았어. 모두가 강제로 성경 시험을 봐야 하는 건 아니었거든. 웅이는 왜 성경 시험을 보지 않았을까? 나는 웅이한테 왜 시험을 안 봤는지 물어봤어.

웅이는 교회에서 "시험에 들지 않게 해 달라"고 기도하는데 왜 시험을 봐야 하느냐고 말했어. 주기도문에 그런 내용이 나오긴 하지. 그런데 주기도문에 나오는 시험이랑 우리가 보는 시험이랑 다른 거 아닌가? 정확하게 알지 못하니까 설명을 못 하겠더라고. 성경에서 말하는 시험이란 뭘까?

성경에서 말하는 시험은 사람의 믿음을 흔들어 놓을 수 있는 여러 가지 유혹이나 어려움들을 가리킨다고 담임 쌤이 이야기하셨어. 우리가 본 성경 시험처럼 점수를 매기고 상을 주는 시험과는 조금 다른 거지.

교회에서는 '시험에 빠졌다' 또는 '시험에 들었다'라고 말하잖아? 그건 유혹이나 어려움 때문에 믿음이 흔들리고 있다는 의미래. 어려움을 겪지 않거나 유혹을 받지 않는 사람은 없어. 그래서 어려움이나 유혹 때문에 믿음이 흔들리지 않게 해 달라고 기도하는 거야. 시험에 들지 않게 해 달라고 기도하는 거지.

사탄이나 이 세상은 시험을 통해 예수님을 믿는 사람을 흔들고 넘어뜨려 하나님을 잘 믿지 못하게 만들려고 한대. 우리의 욕심을 이용해 유혹하거나 세상에서 겪는 어려움들을 사용해 죄를 짓고 하나님을 떠나게 만들려는 거지.

궁금한 게 생겼어. 시험에 들지 않게 해 달라고 기도하는데, 왜 하나님은 우리가 어려움이나 유혹을 맞닥뜨리게 하실까? 담임 쌤은 하나님께서 우리의 유익을 위해 시험을 허용하신다고 설명하셨어. 시험을 통해 오히려 우리의 믿음을 더 튼튼하게 하시는 거야.

그리고 시험을 치면 내 실력이 드러나잖아. 그것처럼 성경에서 말하는 시험도 우리 믿음의 수준을 드러내는 역할을 한대. 믿음이 튼튼한 사람은 시험을 만나도 쉽게 흔들리지 않을 테니 말이야. 그래서 하나님은 우리 믿음의 수준을 알게 하려고 시험을 허락하신대.

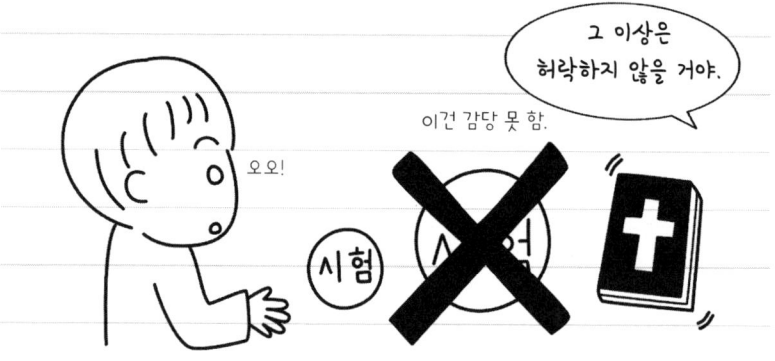

담임 쌤은 하나님께서 온 세상을 다스리는 분이라는 것을 기억해야 한다고 하셨어. 하나님은 시험도 다스리는 분이지. 그래서 우리가 감당할 수 없는 시험은 절대 허용하지 않으신대. 그것을 잘 알고 신뢰하면, 시험이 와도 하나님을 의지하며 이길 수 있고 말이야.

예수님은 시험을 이길 수 있다는 것을 잘 보여 주셔. 예수님은 시험을 많이 받으면서도 절대 죄를 짓지 않으셨거든. 그래서 우리가 예수님을 의지하고 시험을 이길 수 있게 해 달라고 기도하면, 예수님께서 시험을 이길 힘을 주시는 거야.

결국 이번 성경 시험에서는 글로리와 율이가 공동으로 유초등부 1등을 했어. 둘 다 백 점을 받았지 뭐야. 정말 대단해! 나는 몇 점이냐고? 그런 건 물어보는 게 아니야. 나도 잊어버릴 거거든.

- 14화 끝 -

주제와 관련된 말씀

사람이 감당할 ☐☐밖에는 너희가 당한 것이 없나니 오직 하나님은 미쁘사 너희가 감당하지 못할 ☐☐당함을 ☐☐하지 아니하시고 ☐☐당할 즈음에 또한 피할 길을 내사 너희로 능히 감당하게 하시느니라.
_고린도전서 10장 13절

그가 ☐☐을 받아 고난을 당하셨은즉 ☐☐받는 자들을 능히 ☐☐☐ 수 있느니라.
_히브리서 2장 18절

함께 생각해 보기

1. 성경에서 말하는 시험이란 무엇인가요? 사탄과 세상은 시험을 통해 우리가 어떻게 되기를 바랄까요?

2. 시험을 당할 때 우리는 어떻게 해야 할까요?

기도하기

하나님, 세상에는 유혹과 어려움들이 많습니다. 시험 때문에 우리 믿음이 흔들리거나 약해지기도 합니다. 하지만 하나님은 이 모든 시험도 다스리는 왕이십니다. 하나님을 의지하며 기도할 때 이 시험을 이기게 해 주시리라 믿습니다. 우리에게 이길 힘을 주세요. 예수님의 이름으로 기도합니다. 아멘.

우리가 그 안에서 그를 믿음으로 말미암아
담대함과 확신을 가지고 하나님께 나아감을 얻느니라
- 에베소서 3:12 -

요즘 천재 형은 신이 나서 붕 뜬 표정을 하고 있어. 알고 보니 음악의 도시 비엔나로 여행을 간다지 뭐야. 천재 형은 음악을 잘하고 좋아하니까 그런 것 같아. 난 클래식 음악을 들으면 솔솔 잠이 오던데 말이야.

참 신기했어. 작년까지만 해도 천재 형은 비행기 타는 것을 엄청 무서워했거든. 그런데 이번에는 비행기를 더 오래 타야 하는데도 염려하거나 걱정하지 않고 오히려 신 나 하더라고. 어떻게 된 걸까?

천재 형은 자기가 구원을 받았고 하나님의 자녀가 되었다는 것을 확신하기 때문에 비행기 타는 것이 더는 두렵지 않대. 하나님께서 자기를 돌보실 거라고 믿기 때문에 염려하지 않는다고 하더라고.
그런데 구원을 확신한다는 게 뭐지? 나는 담임 쌤에게 물어봤어.

구원을 확신한다는 건 내가 구원받았다는 것을 분명히 믿는 거래. 단순히 구원을 받았다고 생각하는 것이 아니라 하나님이 베풀어 주신 구원을 정말로 기뻐하는 상태인 거야. 그래서 구원의 은혜를 누리는 상태이지.

담임 쌤은 구원의 확신이 굉장히 중요하다고 하셨어. 구원을 받았다는 확신이 있어야 두려움이나 염려 없이 하나님의 뜻을 따를 수 있기 때문이지. 두려움과 염려가 있으면 온 마음을 다해 하나님을 따를 수가 없어.

그렇다면 어떻게 구원의 확신을 가질 수 있을까?

담임 쌤은 구원받은 사람에게서 나타나는 몇 가지 특징을 살펴보는 것이 중요하다고 하셨어. 첫 번째 특징은 바로 성경이 가르치는 올바른 신앙을 고백하는 거야. 예수님을 성경이 가르치는 대로 올바르게 믿지 않으면 진짜 구원받은 사람이라고 보기 힘들어. 올바른 신앙고백이 중요해.

구원받은 사람의 또 다른 특징은 바로 하나님과 하나님의 말씀을 사랑하는 거래. 구원받은 사람은 말씀을 열심히 읽는 정도가 아니라 말씀 실천하는 것을 사랑하지. 그래서 말씀대로 다른 사람들을 사랑하는 거야.

또 다른 특징은 없을까? 구원받은 사람은 자기 죄를 고백하며 회개하고, 죄를 미워한대. 예전에는 죄짓는 것을 마음속으로 좋아했지만, 이제는 마음이 바뀌어 죄지었던 것을 슬퍼하고 싫어하는 거야. 이런 특징들이 나타나는지를 살펴보면 도움이 된대.

그런데 주의할 게 있어. 담임 쌤은 우리가 어떤 행동들을 열심히 했기 때문에 구원받은 거라고 생각해서는 안 된다고 하셨어. 구원은 하나님이 은혜로 주시는 선물이거든. 그 선물을 받았기 때문에 우리가 참된 신앙을 고백하고, 하나님과 이웃을 사랑하며, 죄를 미워하는 특징들을 나타내게 되는 거야.

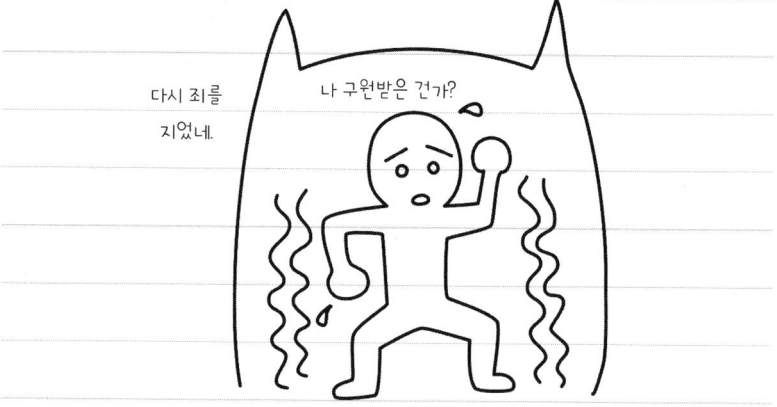

게다가 구원의 확신이 있다고 해서 구원을 받는 것도 아니래. 그 확신이 잘못된 것일 수도 있는 거야. 그리고 구원의 확신은 강해질 수도 있고 약해질 수도 있대. 예를 들어, 구원받은 사람이 다시 유혹에 빠져 죄를 짓게 되면 구원의 확신이 흔들릴 수도 있는 거지.

구원의 확신에 대해 많은 이야기를 들었어. 담임 쌤은, 하나님이 선하신 분이라는 것을 믿고 하나님이 주신 약속들을 신뢰하며 의지하는 게 가장 중요하다고 하셨어. 구원은 하나님께서 은혜로 주시는 거니까, 올바른 구원의 확신을 가지려면 하나님과 하나님의 약속을 의지하는 게 가장 중요한 거야.

천재 형은 구원의 확신을 품고서 신 나게 비엔나로 떠났어. 조금 부럽더라. 나도 여행을 가고 싶거든. 하지만 천재 형이 구원의 확신을 가지고 있다는 것이 더 부러웠어. 나도 올바른 구원의 확신을 달라고 하나님께 기도하고 하나님을 의지해야겠어.

- 15화 끝 -

주제와 관련된 말씀

예수께서 그리스도이심을 ☐☐ 자마다 하나님께로부터 ☐ ☐니 또한 낳으신 이를 사랑하는 자마다 그에게서 난 자를 ☐☐ 하느니라.

_요한일서 5장 1절

우리는 형제를 ☐☐ 함으로 사망에서 옮겨 ☐☐ 으로 들어간 줄을 ☐☐ ☐☐ 사랑하지 아니하는 자는 사망에 머물러 있느니라.

_요한일서 3장 14절

함께 생각해 보기

1. 구원의 확신이란 무엇인가요? 구원받은 사람들은 어떤 특징들을 나타내나요?

2. 구원의 확신이 있는 사람은 다 구원받은 것일까요? 구원의 확신에서 가장 중요한 것은 무엇일까요?

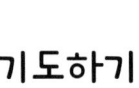

기도하기

하나님, 우리가 구원받았다는 확신을 가질 때 하나님의 말씀대로 담대하게 살 수 있다는 것을 배웠습니다. 제가 정말 예수님을 올바르게 믿게 해 주세요. 또한 구원을 확신하는 사람이 되게 해 주세요. 저는 선하신 하나님과 하나님의 약속들을 의지하겠습니다. 예수님의 이름으로 기도합니다. 아멘.

영생은 곧 유일하신 참 하나님과
그가 보내신 자 예수 그리스도를 아는 것이니이다
- 요한복음 17:3 -

담임 쌤이랑 새로 나온 영화를 보러 갔어. 주인공이 불로불사를 꿈꾸는 악당과 싸우다가 결국 통쾌하게 승리하는 내용이었어. 사실 이런 영화가 다 그렇지 뭐. 화려한 액션을 보는 재미가 있는 거니까.

그런데 영화를 보다가 교회에서 들었던 영생이라는 말이 생각났어. 성경에서는 예수님을 믿으면 하나님께서 영생, 즉 영원한 생명을 주신다고 하잖아? 하지만 사람들은 결국 죽고 말지. 왜 그럴까?

담임 쌤은 예수님께서 다시 오실 때 부활해 영원히 살게 된다고 하셨어. 일단 죽은 후에 다시 살아나게 된다는 거야. 그렇다면 영생이란 부활해 영원히 사는 것을 말할까? 담임 쌤은 그게 전부가 아니라고 하셨어. 그래서 성경이 말하는 영원한 생명의 진짜 의미를 알아야 한대.

영생을 이해하려면 생명이 있는 것들의 특징을 살펴보아야 한대. 생명이 있으면 보고 듣고 느끼고 그에 따라 반응할 수 있어. 예를 들어, 프리는 고기를 보면 좋아하면서 먹으려고 하지만, 돌멩이는 고기가 옆에 있어도 아무것도 못 하지. 아, 일단 식물은 빼고 생각해 보래.

생명이 없는 돌멩이처럼, 죄로 인해 영혼이 죽어 있는 사람은 하나님을 알지도 못하고 반응하지도 못한대. 그런데 영생을 얻게 되면, 영혼이 살아나 하나님을 알고 사랑으로 반응할 수 있게 되지.

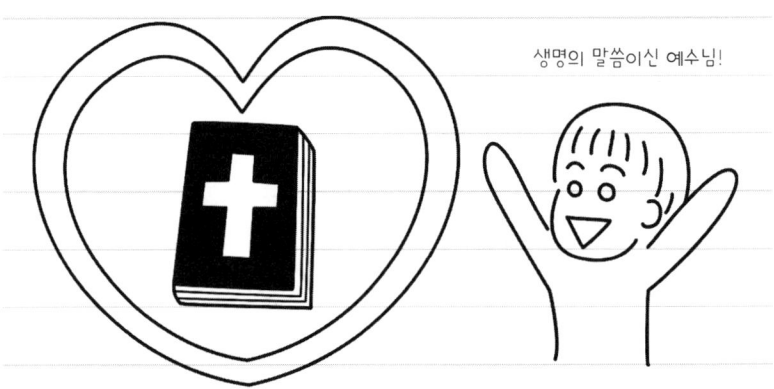

그런데 죽어 있는 영혼이 살아나 하나님을 알고 사랑하려면 예수님을 믿어야 한대. 그러니까 우리 영혼은 예수님을 통해 살아날 수 있는 거야. 그래서 성경은 영생을 주시는 예수님이 바로 생명의 말씀이라고 가르쳐 줘.

그뿐만이 아니야. 영생을 얻는다는 것은 단순히 하나님을 알고 사랑하게 되는 것을 넘어 진정한 기쁨을 누리게 되는 것을 의미한대. 그런데 그게 무슨 말일까?

영혼이 살아나 하나님과 사랑을 나누게 되면, 자연스럽게 기쁨이 넘치게 된대. 사랑을 하면 기쁘잖아. 사랑의 대상이 아름답고 가치가 높을수록 사랑의 기쁨은 더 커질 거야. 그러니 이 세상에서 가장 멋진 하나님과 사랑을 나눌 때 누리는 사랑의 기쁨은 가장 크겠지?

영생이란 그냥 영원히 살게 된다는 말이 아니라, 하나님과 사랑을 나누며 기쁨을 누린다는 말인 거야. 그래서 담임 쌤은 하나님을 사랑하는 것을 통해 영생을 경험하는 것이 중요하다고 하셨어. 그리고 하나님께 받은 사랑을 서로 나눌 때 영생을 더 풍성하게 경험할 수 있대.

그런데 사실 이 세상에서는 영생을 완벽하게 경험할 수 없대. 사람들에게 있는 죄가 하나님을 사랑하지 못하도록 방해하기 때문이지. 하지만 천국에서는 하나님과 사랑을 나누면서 진정한 영생을 경험할 수 있을 거라고 담임 쌤이 말씀하셨어. 영원히 날마다 기쁨이 넘칠 거라고 말이야.

그렇지만 담임 쌤은 이 세상에서 사는 동안 영생을 미리 경험하는 것이 정말 중요하다고 하셨어. 세상이 주는 시시한 기쁨이 아니라 하나님이 주시는 최고의 기쁨을 누리기 위해 말이야. 그리고 영생을 미리 경험할수록 천국을 더욱 소망하게 될 거래!

이제 영생이 뭔지 조금 알 것 같아. 단순히 영원히 사는 것이 아니라 기쁨이 넘치게 되는 것이라니 신기했어! 나도 진짜 영생이 어떤 것인지 제대로 경험해야 할 것 같아.

- 16화 끝 -

주제와 관련된 말씀

예수께서 이르시되 내가 곧 길이요 진리요 □□이니 나로 말미암지 않고는 아버지께로 올 자가 없느니라.

_요한복음 14장 6절

이 □□이 나타내신 바 된지라 이 □□□ □□을 우리가 보았고 증언하여 너희에게 전하노니 이는 아버지와 함께 계시다가 우리에게 나타내신 바 된 이시니라. 우리가 보고 들은 바를 너희에게도 전함은 너희로 우리와 사귐이 있게 하려 함이니 우리의 사귐은 아버지와 그의 아들 예수 그리스도와 더불어 누림이라. 우리가 이것을 씀은 우리의 □□이 충만하게 하려 함이라.

_요한일서 1장 2-4절

함께 생각해 보기

1. 영생이란 무엇인가요? 영생이 있는 사람의 특징은 무엇인가요?

2. 우리는 어떻게 영생을 경험할 수 있을까요?

기도하기

하나님. 영생은 단순히 영원히 사는 것이 아니라 하나님을 알아 가며 하나님과 사랑을 나누는 것임을 배웠습니다. 우리가 이 땅에서 영생을 경험할 수 있게 해 주세요. 특히 교회에서 하나님의 사랑으로 서로 사랑함으로써 영생을 경험하게 해 주세요. 예수님의 이름으로 기도합니다. 아멘.

주의 성도들아 여호와를 찬송하며
그의 거룩함을 기억하며 감사하라
- 시편 30:4 -

모든 사람은 자기 이름을 가지고 있지만, 꼭 이름으로 불리지는 않아. 학교에 가면 여러 선생님들이 있는데, 이름이 아니라 하는 일에 따라 불리잖아? 교장 선생님, 교감 선생님, 수학 선생님, 체육 선생님처럼 말이야.

호칭은 중요한 역할을 하는 것 같아. 그 사람이 어떤 사람인지, 무슨 일을 하는 지를 잘 말해 주거든. 심지어 별명도 그 사람의 특징을 잘 설명해 줘. 물론 자기가 자기 별명을 붙이는 건 좀 그래.

학교뿐만 아니라 교회에도 다양한 호칭이 있어. 전도사님이나 담임 쌤처럼 말이야. 사실 호칭들이 더 많이 있는데, 천천히 하나하나 알아 가야겠어. 아직 모르는 용어들이 많거든.

심지어 예수님을 믿는 사람들도 여러 가지로 부르더라고. 신자라고 부르기도 하고, 성도라고 부르기도 하지. 때로는 그리스도인이라고 부르기도 하고 말이야. 이렇게 다양한 호칭들은 어떤 의미를 가지고 있을까?

담임 쌤이 쉽게 설명해 주셨어. 신자는 믿는 사람이라는 뜻이래. 예수님을 믿는 사람이라는 말을 간단하게 표현한 거지. 그리고 그리스도인은 예수님을 따르는 사람이라는 말이야. 예수님을 예수 그리스도라고 부르잖아.

사실 그리스도인이라는 말은 조롱하는 표현이었대. 예수님을 믿고 예수님의 말씀을 열심히 따르는 사람들을 비웃는 말이었다는 거야. 옛날에 우리나라에서도 예수님을 믿는 사람들을 예수쟁이라고 비웃었대. 그만큼 예수님을 열심히 믿었기 때문이겠지?

그렇다면 성도라는 말은 뭘까? 성도란 거룩한 사람들이라는 뜻이래. 예수님을 믿는 사람들은 하나님의 자녀가 되고 하나님을 닮아서 거룩하게 된다고 저번에 배웠잖아. 그래서 예수님을 믿는 사람들을 성도라고 부르는 거야.

성도라는 말에는 의미가 하나 더 있대. 성경에서 성도란 하나님의 사랑과 은혜를 받은 자들을 의미한대. 그래서 담임 쌤은 성도란 하나님의 사랑과 은혜를 받아 거룩하게 된 사람들이라고 정리하셨어.

그런데 예수님을 믿는 사람들을 왜 이렇게 다양하게 부를까? 담임 쌤은 이런 다양한 호칭들을 통해 우리가 어떤 존재인지, 그리고 어떻게 살아야 하는지를 배울 수 있다고 하셨어.

우리는 신자, 즉 예수님을 믿는 사람이야. 예수님을 통해 구원받을 수 있다는 사실과 하나님의 영광을 위해 사는 것이 가장 즐겁다는 사실을 믿는 사람이지. 그래서 우리는 예수님을 주님이라고 고백하며 따라. 그래서 그리스도인이라 불리고 말이야.

또한 우리는 성도야. 하나님의 사랑과 은혜를 받아 거룩해진 사람들이지. 그래서 우리는 성도답게 살아야 해. 하나님의 사랑과 은혜를 계속 경험하고, 또 하나님처럼 거룩한 사람이 되어 가야 하지.

이제 예수님을 믿는 사람들을 신자, 그리스도인, 성도라고 부르는 이유를 잘 알 것 같아. 그 말들의 의미를 알았으니 이제 진짜 신자, 진짜 그리스도인, 진짜 성도답게 살아야 하겠지?

- 17화 끝 -

주제와 관련된 말씀

음행과 온갖 더러운 것과 탐욕은 너희 중에서 그 이름조차도 부르지 말라 이는 □□에게 마땅한 바니라.

— 에베소서 5장 3절

바나바가 사울을 찾으러 다소에 가서, 만나매 안디옥에 데리고 와서 둘이 교회에 일 년간 모여 있어 큰 무리를 가르쳤고 제자들이 안디옥에서 비로소 □□□□□이라 일컬음을 받게 되었더라.

— 사도행전 11장 25, 26절

함께 생각해 보기

1. 신자, 성도, 그리스도인이라는 말은 각각 무슨 의미인가요?

2. 예수님을 믿는 사람들을 가리키는 다양한 호칭들을 통해 무엇을 배울 수 있나요?

기도하기

하나님, 성도란 하나님의 사랑을 받아 하나님의 자녀가 되어 거룩해진 사람들이라는 것을 배웠습니다. 우리가 진정한 성도가 되게 해 주세요. 또한 성도가 된 것이 얼마나 놀랍고 기쁜 일인지를 잘 알게 해 주세요. 예수님의 이름으로 기도합니다. 아멘.

각 교회에서 장로들을 택하여 금식 기도 하며
그들이 믿는 주께 그들을 위탁하고
- 사도행전 14:23 -

교회에서 우리가 자주 만나는 어른들은 주로 선생님이나 전도사님이지. 그런데 교회에는 장로라고 불리는 분들도 있어. 그중에서 최 장로님은 아이들에게 아주 인기가 많아.

최 장로님은 사람들을 굉장히 잘 챙기셔. 특히 주일학교 아이들에게 관심이 아주 많으시지. 맛있는 것도 자주 사 주시고, 재미있는 이야기도 많이 들려주시고 말이야.

그런데 신기했어. 만화책이나 영화를 보면, 장로라는 사람들은 다 나이가 굉장히 많은 호호백발 할아버지잖아. 그런데 최 장로님은 그렇게 나이가 많아 보이지 않거든.

왜 최 장로님은 젊어 보이는데 장로인 걸까? 보기보다 나이가 많으신가? 그리고 사실 더 궁금한 건, 교회에는 왜 장로라는 것이 있을까 하는 거야. 그래서 담임 쌤에게 물어보기로 했지.

담임 쌤은 나이 순서로 장로를 뽑는 게 아니라고 설명하셨어. 그리고 장로는 교회를 올바로 세우기 위해 하나님께서 만드신 직분이래. 직분이란 어떤 특정한 일을 하는 위치를 가리키는 거야. 그러니까 장로란 하나님이 맡기신 어떤 일을 하는 위치에 있는 사람이지.

그렇다면 장로는 어떤 일을 할까? 담임 쌤은 교회에 있는 성도들을 돌보는 것이 장로가 하는 중요한 일 중 하나라고 하셨어. 엄마 아빠가 집에서 우리를 돌보듯이, 장로는 교회에 있는 성도들을 잘 돌보는 역할을 해야 하는 거야.

부모님은 자녀들이 올바른 삶을 살도록 이끌어 주는 역할을 하시잖아. 그런 것처럼 장로는 성도들을 돌보면서 그들이 올바르게 신앙생활을 할 수 있도록 이끌어 주는 역할을 하는 거야.

그리고 우리가 잘못을 할 때 부모님이 그렇게 하면 안 된다고 훈계하시는 것처럼, 성도들이 잘못된 길을 갈 때 책망하고 올바른 길로 가도록 이끄는 것도 장로의 역할이래. 그리고 교회에 문제가 생기면 올바르게 해결하도록 이끄는 것도 장로의 역할이고 말이야.

성도들을 잘 이끌어 주려면 무엇이 옳은지를 알아야겠지? 그래서 장로는 성경을 잘 알아야 한대. 하나님의 말씀을 잘 알아야 무엇이 올바른지를 판단할 수 있기 때문이지.

알고 보니 장로는 굉장히 많은 일을 해야 하는 직분이었어. 장로란 교회를 잘 세우고 다스리기 위해 성도들을 잘 돌보고 이끌고 가르치는 일을 하는 사람인 거야. 이런 일들을 하라고 하나님께서 장로라는 직분을 만드신 거래.

담임 쌤은 아무나 장로가 될 수 없다고 하셨어. 하나님을 잘 믿는 경건한 사람이어야 하고, 또 하나님과 사람들을 사랑하는 사람이어야만 하지. 삶에서 본이 되는 사람이어야 하는 거야. 그리고 나이 순서로 뽑는 것은 아니지만, 어느 정도 나이 든 어른이어야 장로가 될 수 있대.

담임 쌤의 이야기를 들으니, 나도 나중에 커서 좋은 장로가 되고 싶다는 생각이 들었어. 그리고 우리 교회에 그런 장로님들이 많으면 좋을 것 같아. 교회도 건강해질 거고, 우리한테 맛있는 것도 많이 사 주실 테니 말이야!

- 18화 끝 -

주제와 관련된 말씀

내가 너를 그레데에 남겨 둔 이유는 남은 일을 정리하고 내가 명한 대로 각 성에 ☐☐들을 세우게 하려 함이니, ☐☐할 것이 없고 한 아내의 남편이며 방탕하다는 비난을 받거나 불순종하는 일이 없는 믿는 자녀를 둔 자라야 할지라.

_디도서 1장 5,6절

젊은 자들아 이와 같이 ☐☐들에게 ☐☐하고 다 서로 겸손으로 허리를 동이라 하나님은 교만한 자를 대적하시되 겸손한 자들에게는 은혜를 주시느니라.

_베드로전서 5장 5절

함께 생각해 보기

1. 장로는 무슨 일을 하는 직분인가요?

2. 하나님께서 왜 장로라는 직분을 만드셨을까요? 우리는 장로들을 어떻게 대해야 할까요?

기도하기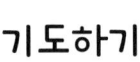

하나님, 하나님께서 교회를 올바르게 세우기 위해 장로라는 직분을 세우셨다는 것을 배웠습니다. 우리 교회를 올바르게 이끌 수 있는 좋은 장로님들을 세워 주세요. 그리고 우리가 그 장로님들을 잘 따를 수 있게 해 주세요. 예수님의 이름으로 기도합니다. 아멘.

그가 어떤 사람은 사도로, 어떤 사람은 선지자로,
어떤 사람은 복음 전하는 자로,
어떤 사람은 목사와 교사로 삼으셨으니
- 에베소서 4:11 -

아이들은 누가 더 센지에 관심이 많아. 그래서 가끔 교회에서 누가 더 강한지 말다툼을 할 때가 있어. 웅이는 장로님이 최고라고 주장했어. 요즘 웅이는 최 장로님의 팬이 되었거든.

하루는 자신만만하게 목사님이 최고라고 주장했어. 그중에서도 담임 목사님은 한 명밖에 없으니까 담임 목사님이 최고래. 우리나라에도 대통령이 한 명밖에 없듯이 말이야. 정말 그런가?

그런데 담임 쌤은, 목사와 장로와 선생님은 계급이 아니라고 하셨어. 성경은 교회의 머리가 오직 예수님 한 분이라고 가르친대. 그래서 목사가 더 높다거나 장로가 더 높다고 할 수 있는 것이 아니지.

그리고 정말 놀라운 이야기를 들었어. 목사도 사실은 교회의 장로라는 거야. 장로인 동시에 주로 말씀을 가르치는 직분이 바로 목사래. 그러니까 목사는 교회를 함께 이끌어 가는 장로이지만, 맡은 일이 조금 다른 거야.

성도들 앞에서 말씀을 읽고 그 말씀을 가르치는 것이 목사의 중요한 역할이래. 그래서 예배 시간에 목사님이 설교를 하는 거야. 그리고 목사님은 말씀을 잘 가르쳐야 하기 때문에 성경을 잘 알아야 하고 열심히 공부해야 한대.

담임 쌤은 성례를 시행하는 것도 목사의 역할이라고 설명해 주셨어. 성례가 뭐냐고? 예전에 세례와 성찬이 바로 성례라고 배웠잖아. 하나님은 세례와 성찬을 통해 우리에게 은혜를 주시지. 그래서 목사는 이것들이 올바르게 시행되도록 이끌어야 할 중요한 의무를 진대.

목사도 장로이기 때문에 당연히 교회의 성도들을 잘 돌보아야 한대. 그리고 성도들이 올바르게 신앙생활을 하도록 이끌어 주는 것도 목사가 해야 할 일이고. 그냥 말씀만 잘 가르치면 되는 게 아니었어.

담임 쌤은, 성도들을 위해 간절히 기도하는 것도 목사가 해야 할 중요한 의무라고 가르쳐 주셨어. 목사는 성도들을 잘 살피고 그들을 위해 하나님께 기도해야 한대. 그리고 성도들이 하나님께 기도하도록 인도하는 것도 목사의 역할이래.

목사가 맡은 역할이 참 많지? 담임 쌤은 목사라는 직분이 정말 중요하기 때문에 아무나 해서는 안 된다고 하셨어. 성경에 나온 기준에 따라 목사를 세워야 하지. 말씀을 잘 알면서도 경건하고 하나님과 이웃을 사랑하는 본을 보여 주는 사람이어야 해.

장로를 하나님께서 세우시는 것처럼, 목사도 하나님께서 세우신다는 것을 잘 알아야 한대. 교회에서 높은 사람이 되기 위해 목사나 장로가 되려고 하면 안 되지. 하나님께서 교회를 올바로 세우기 위해 부르신 사람이 목사나 장로가 되어야 해.

그리고 목사를 세울 때 교회의 역할도 중요해. 교회는 좋은 목사를 세워 달라고 하나님께 기도해야 할 뿐만 아니라, 목사가 될 사람을 잘 길러 내기 위해 힘써야 하지. 그래서 우리 교회에서는 목사님이 매주 전도사님을 만나 교육하신대. 나중에 올바른 목사가 될 수 있도록 말이야.

그러면서 담임 쌤이 놀라운 비밀을 이야기해 주셨어. 담임 쌤도 사실 신학을 공부한 목사 후보생이었대. 지금은 사정이 있어서 주일학교 선생님을 하고 있지만 말이야. 나중에 기회가 되면 담임 쌤의 과거 이야기를 들려주시겠대. 음, 정말 궁금하다!

- 19화 끝 -

주제와 관련된 말씀

□□은 하나님의 청지기로서 책망할 것이 없고 제 고집대로 하지 아니하며 급히 분내지 아니하며 술을 즐기지 아니하며 구타하지 아니하며 더러운 이득을 탐하지 아니하며, 오직 나그네를 대접하며 선행을 좋아하며 신중하며 의로우며 □□하며 절제하며, 미쁜 말씀의 가르침을 그대로 지켜야 하리니 이는 능히 바른 □으로 권면하고 거슬러 말하는 자들을 □□하게 하려 함이라.

_디도서 1장 7-9절

잘 다스리는 □□들은 배나 존경할 자로 알되 □□과 □□□에 수고하는 이들에게는 더욱 그리할 것이니라.

_디모데전서 5장 17절

함께 생각해 보기

1. 목사는 무슨 일을 하는 직분인가요?

2. 하나님이 목사를 세우신 이유는 무엇일까요?

기도하기

하나님, 하나님은 교회를 올바로 세우기 위해 목사라는 직분을 세우셨습니다. 성도들을 잘 가르치고 돌보는 좋은 목사들이 많이 준비되고 세워지게 해 주세요. 교회가 그 일을 위해 함께 기도하고 준비할 수 있게 해 주세요. 예수님의 이름으로 기도합니다. 아멘.

집사의 직분을 잘한 자들은 아름다운 지위와
그리스도 예수 안에 있는 믿음에 큰 담력을 얻느니라
- 디모데전서 3:13 -

고양이들은 자기가 주인인 줄 안다는 말이 있어. 우리가 자기들을 돌봐 주는 집사인 줄 안다는 거야. 사실 프뤼가 하는 행동을 봐도 그런 것 같아. 내가 먹을 것을 자꾸 자기가 먹는단 말이야.

집사가 뭐냐고? 옛날에 잘사는 귀족들은 집을 관리하고 돌보는 사람들을 두었대. 집도 크고 관리할 재산도 많았을 테니 말이야. 요즘도 정말 잘사는 사람들 집에는 집사가 있을 거야.

교회에 있는 집사는 뭐지?

그런데 교회에도 집사라는 직분이 있어. 목사님이나 장로님 말고도 집사님이라고 불리는 어른들이 많이 있지. 교회에 있는 집사는 뭘까? 왜 교회에 집사가 있는 건지 궁금해졌어.

담임 쌤은 집사라는 직분도 하나님께서 만드신 것이라고 설명해 주셨어. 목사나 장로처럼, 집사도 교회를 튼튼하게 세우기 위해 하나님께서 만드신 직분이지. 성경을 보면, 교회에 집사라는 직분이 어떻게 생기게 되었는지를 알 수 있대.

교회가 세워졌을 때 교회 안에는 돌봐야 할 어려운 사람들이 많았대. 그런데 교회의 지도자들이 그들을 돌보는 일까지 다 하기에는 너무 벅찼지. 왜냐하면 지도자들은 말씀을 가르치고 기도하는 중요한 일들도 해야 했거든.

그래서 교회에서 어려운 이들을 돌보는 일을 맡아서 할 사람들을 세웠대. 그 사람들이 바로 집사야. 그러니까 집사는 교회에 어떤 필요가 있는지를 잘 살피고, 그 필요를 채우기 위해 교회가 가진 것들을 잘 분배하여 사용하고 관리하는 역할을 하는 거야.

담임 쌤은, 집사가 교회에서 필요한 것들을 돌보고 관리하는 역할을 하기 때문에 목사와 장로들이 말씀을 가르치고 사람들을 이끄는 역할에 집중할 수 있다고 설명하셨어. 그러니까 집사는 다른 직분을 가진 사람들이 자기 역할을 잘하도록 돕는 일을 하는 거야.

돕는 일이라고 무시하면 안 돼. 집사의 역할은 굉장히 중요하거든. 교회에서 사랑을 실천하는 것이 바로 집사의 역할이야. 교회에 무엇이 필요한지를 잘 돌아보고 어려운 사람들을 살피고 돌보는 것은, 사랑을 실천하는 중요한 방법이니 말이야.

집사의 역할도 굉장히 중요하기 때문에 아무나 집사가 되어서는 안 된대. 단지 교회를 오래 다닌 사람이 아니라, 정말 경건하고 자기 가정을 잘 돌보며 하나님과 이웃을 사랑하는 사람이어야 집사가 될 수 있는 거야.

집사가 되는 기준도 엄격하구나!

아, 절대 착각하지 말아야 할 것이 하나 있대. 전에도 이야기했지만, 교회에는 결코 계급이 존재하지 않는다는 거야. 집사보다 장로가 높고 장로보다 목사가 높은 게 아니라는 거지.

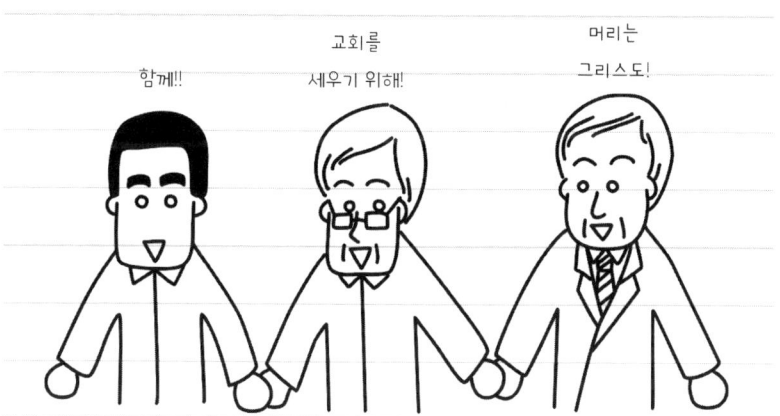

오히려 목사, 장로, 집사라는 직분들은 하나님께서 교회를 올바로 세우기 위해 만드신 것이기 때문에, 겸손하게 하나님의 말씀에 순종하여 자기 역할을 감당해야 해. 우리 모두는 교회의 머리이신 예수님의 말씀을 따르는 사람들이니 말이야.

이제 교회에 집사가 있는 이유를 알 것 같아. 집사도 하나님이 교회를 건강하게 세우기 위해 만드신 직분인 거야. 좋은 목사, 좋은 장로, 좋은 집사가 세워지면 교회가 더 건강해질 거야. 전에는 좋은 장로가 되고 싶었는데, 좋은 집사가 되어도 좋을 것 같아!

- 20화 끝 -

주제와 관련된 말씀

형제들아 너희 가운데서 ☐☐과 지혜가 충만하여 칭찬받는 사람 일곱을 택하라 우리가 ☐☐을 그들에게 ☐☐☐, 우리는 오로지 기도하는 일과 말씀 사역에 힘쓰리라 하니.

_사도행전 6장 3,4절

이와 같이 ☐☐들도 정중하고 일구이언을 하지 아니하고 술에 인박히지 아니하고 더러운 이를 탐하지 아니하고, 깨끗한 양심에 ☐☐의 비밀을 가진 자라야 할지니, 이에 이 사람들을 먼저 시험하여 보고 그 후에 책망할 것이 없으면 ☐☐의 직분을 맡게 할 것이요.

_디모데전서 3장 8-10절

함께 생각해 보기

1. 집사는 무슨 일을 하는 직분인가요?

2. 하나님이 목사, 장로, 집사라는 다양한 직분을 만드신 이유는 무엇일까요?

기도하기

하나님, 하나님께서 교회를 올바로 세우기 위해 집사라는 직분을 세우셨습니다. 교회의 필요를 잘 살피고 어려운 성도들을 잘 돌보는 좋은 집사들이 많이 준비되고 세워지게 해 주세요. 교회가 그 일을 위해 함께 기도하고 준비할 수 있게 해 주세요. 예수님의 이름으로 기도합니다. 아멘.

인자가 온 것은 섬김을 받으려 함이 아니라 도리어 섬기려 하고
자기 목숨을 많은 사람의 대속물로 주려 함이니라
- 마가복음 10:45 -

오늘은 진주 쌤이랑 같이 놀았어. 정확하게 말하면, 담임 쌤이랑 진주 쌤이 데이트할 때 우리가 끼어든 거지. 그래도 다 함께 즐겁게 놀았으니 상관없겠지? 담임 쌤 표정이 조금 안 좋아 보이긴 했지만 말이야.

그런데 담임 쌤이 잠깐 화장실에 간 사이에 하루가 진주 쌤에게 물었어. 담임 쌤이 좋은 이유가 뭐냐고 말이야. 하루는 진주 쌤이랑 담임 쌤이 사귀는 이유를 계속 궁금해했거든.

진주 쌤은 성경을 잘 아는 것이 담임 쌤의 매력이라고 이야기하셨어. 하지만 담임 쌤의 가장 좋은 점은 자기가 가진 것을 아끼지 않고 나누면서 다른 사람들을 섬기는 것이라고 하셨지.

그런데 섬긴다는 것이 뭐지? 교회에서도 가끔 들어 본 말인데···.
하루도 섬김이 무슨 말인지 잘 모르나 봐. 담임 쌤이 오시자마자 섬김이 뭐냐고 물어보더라고.

담임 쌤은, 섬김이란 내가 가진 것들을 사용해 다른 사람들에게 필요한 것들을 채워 주는 것이라고 하셨어. 쉽게 말하면, 다른 사람들을 도와주는 게 바로 섬김이야.

그렇다면 왜 교회에서는 섬김을 실천하라고 가르칠까? 생각해 보니, 다른 사람들을 도와주는 것도 사랑을 실천하는 방법인 것 같아. 하나님은 우리가 이웃을 사랑하기를 원하시거든. 그러니까 우리는 당연히 다른 사람들을 섬겨야 하는 거지.

담임 쌤이 덧붙여 설명하셨어. 하나님은 우리가 서로의 필요를 채워 주도록 만드셨대. 혼자서 모든 것을 다 할 수 있는 사람은 없잖아? 우리가 자신이 가진 것을 사용해 서로 돕는 것이 바로 하나님의 뜻이래.

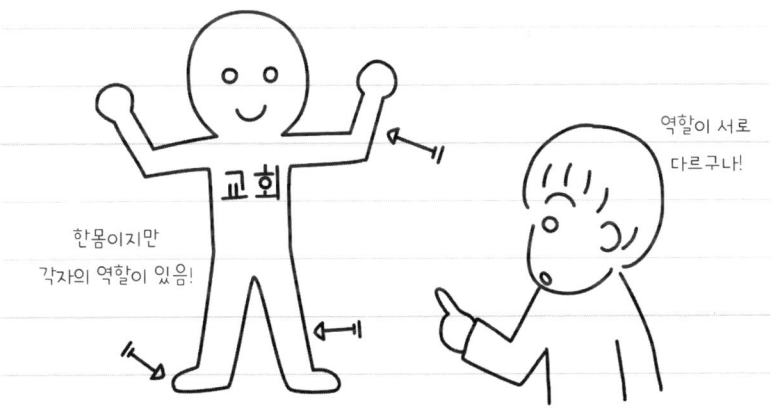

특별히 교회는 더더욱 서로를 섬겨야 한대. 하나님께서 교회의 모든 성도들이 '한몸'이라고 말씀하셨거든. 몸에는 손, 팔, 다리, 발, 눈, 귀 등 여러 가지 부분들이 있잖아. 한몸이지만 각 부분이 맡은 역할은 저마다 다르지. 마찬가지로, 교회 안에 있는 사람들도 한몸이지만 각자가 맡은 역할이 달라.

우리가 가진 재능이나 소유, 그리고 세상에서 얻는 지위도 다 하나님께서 주신 거라고 담임 쌤이 설명해 줬어. 이 모든 것들은 내 것이니 내 마음대로 사용하라고 주신 게 아니라 서로를 사랑하고 돕고 섬기라고 주신 거야.

게다가 섬기는 것은 바로 예수님을 닮아 가는 것이기도 하지. 예수님은 이 세상에 대접받으러 오신 것이 아니라, 다른 사람들을 사랑하고 섬기기 위해 오셨대. 그래서 우리가 서로를 섬기면 점점 더 예수님을 닮아 가게 되는 거야!

섬김이란 특별한 사람들만 하는 것이 아니라 예수님을 믿는 사람이라면 누구나 해야 하는 일이래. 목사, 장로, 집사뿐만 아니라 모든 성도들이 자기가 할 수 있는 역할을 생각하고 서로 섬겨야 하지. 심지어 주일학교를 다니는 우리도 마찬가지래.

사실 나는 아직 어리니까 큰일을 맡아서 할 수는 없을 거야. 하지만 담임 쌤은 하나님께서 내가 하는 작은 섬김을 사용해 교회를 아름답고 건강하게 만드실 거라고 하셨어. 그런데 나도 잘 섬기는 사람이 되면 진주 쌤 같은 여자 친구가 생길까?

- 21화 끝 -

주제와 관련된 말씀

너희 중에 큰 자는 너희를 ☐☐☐ 자가 되어야 하리라.

_마태복음 23장 11절

우리에게 주신 은혜대로 받은 ☐☐가 ☐☐ ☐☐☐ 혹 예언이면 믿음의 분수대로, 혹 섬기는 일이면 ☐☐☐ ☐로, 혹 가르치는 자면 가르치는 일로, 혹 위로하는 자면 위로하는 일로, 구제하는 자는 성실함으로, 다스리는 자는 부지런함으로, 긍휼을 베푸는 자는 즐거움으로 할 것이니라.

_로마서 12장 6-8절

함께 생각해 보기

1. 섬김이란 무엇인가요?

2. 하나님은 왜 우리가 서로 섬기도록 하셨을까요? 우리는 교회에서 어떤 역할로 섬길 수 있을까요?

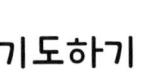

하나님, 우리가 서로 섬겨야 한다는 것을 배웠습니다. 하나님께서 나에게 주신 것들을 내 마음대로 사용하는 것이 아니라 서로를 사랑하는 데 사용할 수 있도록 제 마음을 변화시켜 주세요. 사람들을 사랑하고 섬기신 예수님을 닮아 가게 해 주세요. 예수님의 이름으로 기도합니다. 아멘.

범죄한 자들을 모든 사람 앞에서 꾸짖어
나머지 사람들로 두려워하게 하라
- 디모데전서 5:20 -

오늘은 웅이가 굉장히 침울해 보였어. 알고 보니 학교 준비물 사라고 받은 돈으로 간식을 사 먹었다가 엄마에게 들켰대. 그래도 지난번처럼 현금으로 간식을 사 먹지는 않았으니 훨씬 낫긴 하지?

간식 사 먹을 돈이 없어지자, 웅이는 너무하다고 투덜거렸어. 먹을 것으로 벌을 받는 건 정말 가혹하다는 거야. 특히 웅이에게는 더욱 가혹한 벌일 것 같아. 웅이는 먹는 것을 정말 좋아하거든.

투덜거리는 웅이를 보다 못한 율이가 한마디 했어. 웅이네 엄마가 벌을 주시는 건 다 웅이를 위한 거라고 말이야. 웅이랑 율이는 성격이 정말 다른데 같이 노는 게 참 신기해.

율이는 부모님께서 올바르게 훈계하는 가정이 좋은 가정이라고 주장했어. 자녀들에게 잘못된 행동을 지적하고 바른 길을 알려 주어야 자녀들이 올바로 자랄 수 있다는 거야. 음, 나도 동의해.

그런데 우리 대화를 듣고 있던 담임 쌤이 신기한 이야기를 했어. 좋은 가정만 그런 것이 아니라 좋은 교회도 그래야 한다는 거야. 성도들이 잘못 살고 있을 때 훈계해야 한다는 거지. 그것을 권징이라고 한대.

잘못을 하면 교회에서 혼을 낸다니 깜짝 놀랐어. 그런데 이상했어. 교회는 하나님의 말씀대로 사랑을 실천해야 하는 곳 아닌가? 왜 교회에 권징이라는 게 있을까?

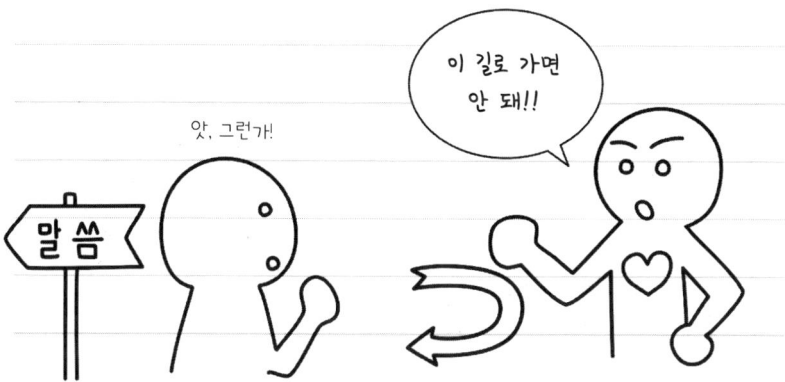

담임 쌤은 사랑하기 때문에 권징이 더 필요하다고 하셨어. 성도들이 잘못된 길로 가도록 내버려 두면 안 되니 말이야. 가정에서도 부모님이 자녀를 사랑하기 때문에 자녀의 잘못을 지적하고 올바른 길을 알려 주시잖아. 그러니까 권징도 사랑을 실천하는 한 가지 모습인 거야.

권징은 성도들이 회개하여 하나님을 다시 사랑할 수 있도록 도와주는 거래. 잘못된 길로 가는 성도들을 훈계하고 올바른 길로 이끄는 역할을 하라고 하나님께서 목사와 장로들을 세우신 거야. 하나님의 말씀을 따르는 올바른 교회를 세우기 위해 올바른 권징이 필요한 거지.

그렇다면 권징에는 무슨 벌이 주어질까? 여러 가지가 있는데, 당분간 성찬에 참여하지 못하게 하기도 하고, 심각한 경우에는 교회에 나오지 못하게 하기도 한대. 그런데 하나님을 사랑하지 않는 사람은 이런 벌들을 별것 아니라고 여길 수도 있대. 그래서 권징을 해도 회개하지 않는 거야.

그렇지만 하나님을 사랑하는 성도라면 그 벌들이 엄하게 느껴질 거래. 그리고 그 권징을 통해 회개하고 다시금 하나님을 올바로 사랑하고 따르게 되지. 이것이 하나님께서 권징을 하게 하신 목적이래.

아, 담임 쌤은 권징의 목적이 하나 더 있다고 말했어. 바로 교회 안에서 올바른 가르침이 유지되도록 하는 것이래. 하나님의 말씀이 아닌 잘못된 것을 가르치는 사람들이 나타났을 때 그것을 막는 것도 권징의 목적인 거야. 그래야 건강한 교회가 될 수 있을 테니 말이야.

이제 교회에 왜 권징이 필요한지를 알 것 같아. 그리고 나를 위해서도 권징이 필요하다는 걸 알았어. 내가 잘못된 길로 갈 때, 담임 쌤이나 전도사님처럼 나를 사랑하는 분들이 훈계해 주셔야 할 테니 말이야. 물론 벌받는 건 싫지만, 나를 사랑하고 나를 위한 것이라면 필요한 것 같아! - 22화 끝-

주제와 관련된 말씀

네 형제가 □를 범하거든 가서 너와 그 사람과만 상대하여 □□하라 만일 들으면 네가 네 형제를 얻은 것이요, 만일 듣지 않거든 한두 사람을 데리고 가서 두세 증인의 입으로 말마다 확증하게 하라. 만일 그들의 말도 듣지 않거든 □□에 말하고 □□의 말도 듣지 않거든 이방인과 세리와 같이 여기라.

— 마태복음 18장 15-17절

너희를 □□□□ □들에게 □□하고 □□하라 그들은 너희 영혼을 위하여 경성하기를 자신들이 청산할 자인 것같이 하느니라 그들로 하여금 즐거움으로 이것을 하게 하고 근심으로 하게 하지 말라 그렇지 않으면 너희에게 유익이 없느니라.

— 히브리서 13장 17절

함께 생각해 보기

1. 권징이란 무엇인가요?

2. 교회에는 왜 권징이 필요할까요? 만일 우리가 권징을 받는다면, 우리는 어떻게 생각해야 할까요?

기도하기

하나님, 교회를 올바르게 세우고 우리를 바른 길로 이끌기 위해 교회에서 권징을 하게 하셨다는 것을 배웠습니다. 우리 교회가 성도들을 올바르게 인도할 수 있게 해 주세요. 그리고 저를 비롯한 모두가 교회의 가르침을 잘 따를 수 있게 해 주세요. 예수님의 이름으로 기도합니다. 아멘.

이르시되 우리가 다른 가까운 마을들로 가자
거기서도 전도하리니 내가 이를 위하여 왔노라 하시고
- 마가복음 1:38 -

정말 깜짝 놀랄 만한 일이 일어났어. 엄마가 나랑 같이 교회에 가겠다고 하신 거야! 사실 엄마도 예전에 교회를 다녔는데 안 좋은 일을 겪은 다음부터 교회에 안 가시게 되었대. 그런데 이제 다시 교회에 가 보겠다고 하시는 거야.

내가 예수님을 믿게 된 다음부터 교회에서 어떤 일이 있었고 무엇을 배웠는지 엄마한테 자주 이야기했거든. 그런데 그게 인상적이었나 봐. 내가 다니는 교회가 괜찮은 교회인 것 같다고 생각하셨대. 그리고 교회에서 가르치는 것들을 조금 더 알고 싶어지셨대.

하루 엄마의 영향도 컸던 것 같아. 하루 엄마는 김치를 담그거나 반찬을 만들면 가끔 우리 집에 나눠 주시거든. 엄마는 교회에 열심히 다니시는 하루 엄마에게서 좋은 인상을 받으신 것 같아.

담임 쌤이 나랑 다른 아이들을 잘 챙겨 주는 것도 한몫했을 거야. 맛있는 것도 사 주고 성경도 많이 가르쳐 주고 같이 놀아도 주시니까. 엄마 입장에서는 많이 고마우셨던 것 같아. 이런 여러 가지 이유 덕분에 결국 엄마가 교회에 나오시게 되었지

소식을 들은 전도사님이 칭찬해 주셨어. 전도를 참 잘했다고 말이야. 사실 전도를 하려고 한 건 아니었지만, 기분은 좋았어. 그런데 궁금해졌어. 전도란 정확하게 뭘까? 그리고 왜 해야 하는 걸까?

그래서 담임 쌤에게 물어봤지. 담임 쌤은, 전도란 간단히 말해 복음을 다른 사람들에게 전하는 것이라고 하셨어. 전도는 단순히 교회에 나오라고 말하거나 교회로 데려오는 것이 아니었어.

그리고 담임 쌤은 전도는 억지로 하는 게 아니라고 하셨어. 나에게 복음이 정말 기쁘고 좋은 것이라서 다른 사람들에게 말해 주고 싶어하는 것이 전도의 올바른 자세래.

그렇다면 복음을 전한다는 것은 무엇을 말해 주는 것일까? 전에 복음에 대해 배웠지? 죄 때문에 비참한 처지에 놓인 사람들이 예수님을 통해 죄를 해결받게 되었다는 것이 바로 복음이었지.

그리고 죄를 해결할 뿐만 아니라 가장 아름다우신 하나님을 알게 되고 하나님과 사랑을 나누게 되었다는 것이 바로 복음이었어. 하나님과 사랑을 나눌 때 사람은 비로소 진정한 행복과 기쁨을 누릴 수 있게 되고 말이야. 전도는 바로 이런 것들을 전하는 거야.

다행히 나는 그런 내용을 엄마에게 이야기했던 것 같아. 그런데 담임 쌤은 복음이 진짜라는 것을 삶으로 보여 주는 것도 중요하다고 하셨어. 내가 하나님과 이웃을 정말로 사랑하는 모습을 보여 주지 못하면, 사람들은 복음이 진짜라고 믿지 않을 거야. 하루 엄마가 그런 것을 잘 보여 주신 것 같아.

담임 쌤은 전도를 왜 해야 하는지도 설명해 주셨어. 하나님께서 모든 사람들이 복음을 듣고 구원받기를 원하시기 때문이래. 사람들이 구원을 받고 하나님을 사랑하게 되면, 하나님의 영광이 더 크게 드러나겠지? 그래서 복음을 전하는 것은 하나님께 영광 돌리며 사는 중요한 방법이야.

아무튼 나도 모르게 교회에서 배웠던 것들을 이야기한 것이 전도한 거였다니, 정말 기뻐. 그리고 엄마가 교회에 다시 나오게 되신 것도 너무 기쁘고 밀이야. 하나님도 분명히 기뻐하시겠지?　　　　　　　　　　－ 23화 끝 －

주제와 관련된 말씀

그런즉 그들이 믿지 아니하는 이를 어찌 부르리요 듣지도 못한 이를 어찌 믿으리요 전파하는 자가 없이 어찌 들으리요 보내심을 받지 아니하였으면 어찌 전파하리요 기록된 바 아름답도다 □□ □□을 □□□ 자들의 발이여 함과 같으니라.

_로마서 10장 14, 15절

하나님의 지혜에 있어서는 이 세상이 자기 지혜로 하나님을 알지 못하므로 하나님께서 □□의 미련한 것으로 믿는 자들을 구원하시기를 □□하셨도다.

_고린도전서 1장 21절

함께 생각해 보기

1. 전도란 무엇인가요?

2. 우리는 왜 전도해야 할까요? 혹시 전도하고 싶은 사람이 주변에 있나요?

기도하기

하나님, 전도란 다른 사람들에게 기쁨으로 복음을 전하는 것이라고 배웠습니다. 우리가 복음을 정말 기뻐할 수 있게 해 주세요. 그리고 전도하여 많은 사람들이 하나님을 사랑하고 하나님께 영광 돌리며 살 수 있게 해 주세요. 예수님의 이름으로 기도합니다. 아멘.

또 이르시되 너희는 온 천하에 다니며
만민에게 복음을 전파하라
- 마가복음 16:15 -

글로리 집에 놀러 갔는데, 책상 위에서 사진첩을 하나 발견했어. 예전에 글로리가 외국에 있을 때 찍은 사진이래. 글로리 아빠가 선교사님이셨거든. 사진을 보면서 글로리가 외국에서 겪었던 신기한 모험들을 이야기해 줬어.

한번은 글로리가 밖에 나갔다가 엄청나게 큰 뱀을 봤대. 글로리는 너무 깜짝 놀라서 움직이지도 못했다더라고. 다행히 뱀은 그냥 다른 곳으로 가버렸지만, 정말 가슴 철렁한 사건이었대.

그 밖에도 글로리는 외국에서 겪었던 수많은 어려운 일들에 대해 들려줬어. 글로리의 이야기를 듣다 보니, 선교사로 산다는 게 쉬운 일이 아니라는 생각이 들었어. 선교라는 것은 대체 뭘까?

담임 쌤은 선교란 복음을 듣지 못한 사람들이 사는 지역으로 가서 전도하는 거라고 설명하셨어. 결국 전도하는 것인데, 복음을 듣지 못한 지역으로 간다는 점이 다른 거야. 그런 곳에는 대부분 교회가 없겠지? 그래서 교회를 세우는 일도 하는 거지.

담임 쌤은 땅 끝까지 가서 복음을 전하라는 것이 하나님의 명령이라고 하셨어. 땅 끝까지 가서 복음을 전하라는 말은 온 세상 구석구석 다니면서 전도하고 교회를 세우라는 말이고, 바로 선교하라는 명령이지.

복음을 통해 온 세상 사람들을 구원하시려고 그렇게 명령하신 거야. 사람들은 죄 때문에 비참한 상황에 처해 있어서 복음이 필요하거든. 복음을 듣지 못한 사람들이 죄 때문에 얼마나 비참한 상황에 있는지를 알면 선교가 꼭 필요하다고 생각하게 될 거야.

그리고 선교란 단순히 사람들이 비참한 상황에서 벗어나는 것으로 끝나는 게 아니야. 복음을 전해 온 세상 사람들이 하나님을 사랑하고 기뻐하게 되는 데까지 나아가는 거지.

글로리는 선교가 쉬운 일이 아니라고 말했어. 돈이 없어서 힘들기도 하고, 사용하는 언어나 문화가 달라서 힘들기도 하대. 그리고 어떤 나라에서는 복음을 전하면 감옥에 가두기도 하고, 심지어 복음을 전하다가 죽는 경우도 있대. 정말 깜짝 놀랐어. 선교를 위해 목숨까지 거는구나.

온 교회가 함께해야 할 일!!

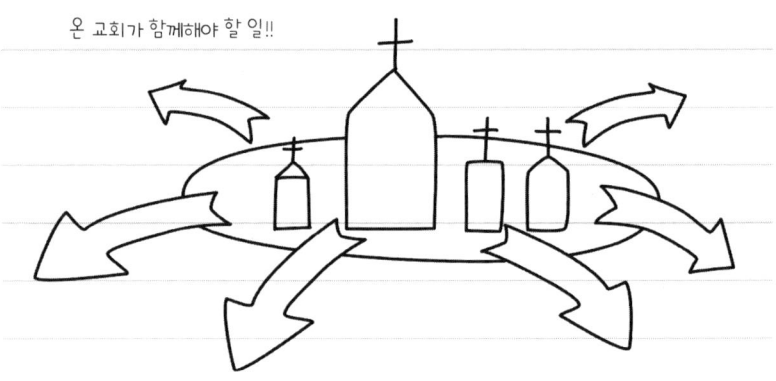

그렇다면 선교란 어떤 사람들이 하는 걸까? 담임 쌤은 특정한 사람만 선교를 해야 하는 것이 아니라고 하셨어. 하나님은 선교하라고 모든 교회를 부르셨지. 복음을 전하는 것은 하나님께 영광 돌리는 일이야. 그러니까 모든 교회와 모든 성도가 함께해야 하는 일이지.

모두가 선교에 함께해야 한다면, 대체 어떻게 함께할 수 있을까? 담임 쌤은 여러 가지 방법이 있다고 하셨어. 선교사가 되는 것이 제일 중요하겠지만, 선교를 위해 함께 기도하거나 돈이나 물질로 후원해 선교사님들을 돕는 것도 선교에 동참하는 중요한 방법이래.

아직도 이 세상에는 복음을 한 번도 들어 보지 못한 사람들이 많대. 그 사람들에게 가장 필요한 기쁜 소식이 바로 복음이잖아. 복음을 전하지 않는 것은 사람들을 비참한 상황에 그냥 내버려 두는 거야. 그러면 안 되잖아? 생각해 보니 선교는 정말 중요한 것 같아.

나도 선교에 동참하기로 결심했어. 그래서 오늘은 담임 쌤과 함께 선교를 위해 기도했지. 여러 나라에 있는 선교사님들에게 지혜와 힘을 주시고, 복음이 더 많이 전해질 수 있게 해 달라고 말이야. 앞으로 날마다 기도해야겠어!

- 24화 끝 -

주제와 관련된 말씀

그러므로 너희는 □□ □□ □□을 제자로 삼아 아버지와 아들과 성령의 이름으로 세례를 베풀고 내가 너희에게 분부한 모든 것을 □□□ 지키게 하라. 볼지어다 내가 세상 끝 날까지 너희와 항상 함께 있으리라 하시니라.

― 마태복음 28장 19, 20절

또 □□이 먼저 □□에 □□되어야 할 것이니라.

― 마가복음 13장 10절

함께 생각해 보기

1. 선교란 무엇인가요?

2. 우리는 왜 선교해야 할까요? 나는 어떻게 선교에 동참할 수 있을까요?

기도하기

하나님, 복음을 듣지 못한 사람들이 있는 곳에 가서 전도하는 것이 선교라는 것을 배웠습니다. 선교를 통해 온 세상 사람들이 죄에서 구원을 받아 하나님을 사랑하게 해 주세요. 그리고 저와 우리 교회에 있는 모든 사람들이 선교에 한마음으로 동참하게 해 주세요. 예수님의 이름으로 기도합니다. 아멘.

이는 만물이 주에게서 나오고
주로 말미암고 주에게로 돌아감이라
그에게 영광이 세세에 있을지어다 아멘
- 로마서 11:36 -

깜짝 놀랄 일이 생겼어. 담임 쌤이 진주 쌤과 곧 결혼하신다는 거야. 그래서 우리에게도 청첩장을 나눠 주셨어. 다들 깜짝 놀랐지. 노총각이었던 담임 쌤이 결국 결혼하게 되었으니 말이야.

담임 쌤은 정말 신 나 보였어. 날아다닐 것만 같았지. 담임 쌤은 자기가 오랫동안 모태 솔로로 외로웠던 것이 모두 진주 쌤을 만나 결혼하게 하시려는 하나님의 선하신 섭리였다고 하셨어.

그런데 하루는 조금 우울해 보였어. 하루는 진주 쌤이 백마 탄 왕자님 같은 사람이랑 결혼하기를 바랐던 것 같아. 나는 어떠냐고? 물론 담임 쌤이 결혼하게 되어 기쁘지. 그렇지만 담임 쌤이 조금 도둑... 같다는 생각은 들어.
그런데 담임 쌤이 말한 섭리라는 것은 뭘까?

담임 쌤은 섭리란 이 세상을 만드신 하나님께서 이 세상을 유지하고 보존하실 뿐만 아니라 세상의 모든 일들을 하나님 뜻대로 다스리시는 것이라고 하셨어. 하나님께서 우리 한 명 한 명의 삶들을 포함해 모든 일들을 통치하고 다스리시는 거야.

더 쉽게 설명하면, 하나님의 섭리는 이 세상의 모든 일이나 사건들이 하나님의 허락 없이는 절대 일어날 수 없다는 거야. 역사 가운데 일어난 일들 중 단 하나도 하나님께서 허락하시지 않은 것이 없는 거지.

물론 하나님께서 이 세상에서 일어나는 일들을 단순히 허락만 하시는 게 아니래. 담임 쌤은 이 세상의 일들이 하나님의 뜻에 따라 하나님의 생각대로 일어난다고 설명하셨어.

하나님은 이 세상에서 일어나는 모든 일들을 사용하여 하나님의 영광을 아름답게 드러내신대. 그것이 하나님께서 이 세상의 모든 일들을 다스리시는 이유이지. 간단히 정리하면, 섭리란 하나님께서 자신의 영광을 나타내기 위해 모든 것을 다스리시는 것을 말해.

사실 하나님은 이 세상을 만드신 분이니까 온 세상과 모든 일들을 다스리시는 게 어렵지 않을 거야. 그런데 담임 쌤은 예수님을 믿는 성도들이 이런 하나님의 섭리를 믿는 것이 매우 중요하다고 하셨어. 왜 그럴까?

하나님의 섭리를 믿으면, 두려움이나 염려 없이 살 수 있대. 우리가 걱정하는 그 어떤 어려운 일이든 하나님의 허락 없이 생길 수는 없기 때문이지. 그래서 이 세상을 다스리시는 하나님을 믿으면 염려하지 않고 당당하게 살 수 있는 거야.

우리가 집에서 먹을 것과 입을 것을 걱정하지 않는 것은 부모님께서 필요한 것을 다 주시기 때문이잖아? 그런 것처럼 하나님께서 우리에게 필요한 것들을 주신다는 사실을 믿고서 염려 없이 사는 거지. 선하신 하나님의 섭리를 믿는다면 말이야.

담임 쌤은 하나님의 영광을 위해 살려면 섭리를 믿어야 한다고 하셨어. 섭리를 믿지 못하면, 우리 마음이 염려와 근심으로 가득 차 하나님께 영광 돌리는 일에 관심을 기울일 수 없을 테니 말이야.

아무튼 담임 쌤은 결혼을 통해 하나님의 선하신 섭리를 더 경험하게 되었나 봐. 하나님의 섭리는 정말 놀라운 것 같아. 담임 쌤이 곧 결혼을 하시다니 말이야!

- 25화 끝 -

주제와 관련된 말씀

참새 두 마리가 한 앗사리온에 팔리지 않느냐 그러나 너희 □□□께서 □□하지 아니하시면 그 하나도 땅에 떨어지지 아니하리라.

― 마태복음 10장 29절

우리가 알거니와 하나님을 사랑하는 자 곧 그의 뜻대로 부르심을 입은 자들에게는 □□ □이 합력하여 □을 이루느니라.

― 로마서 8장 28절

함께 생각해 보기

1. 섭리란 무엇인가요?

2. 우리는 왜 하나님의 섭리를 믿어야 할까요? 섭리를 믿는다면 우리는 어떤 모습으로 살 수 있을까요?

기도하기

하나님, 온 세상을 하나님의 뜻대로 다스리시고 그것을 통해 하나님의 영광을 나타내시는 것이 바로 섭리라는 것을 배웠습니다. 선하신 하나님께서 모든 것을 다스리신다는 것을 우리가 더 믿게 해 주세요. 그래서 두려움과 걱정 없이 하나님을 의지하며 살게 해 주세요. 예수님의 이름으로 기도합니다. 아멘.

의인은 고난이 많으나
여호와께서 그의 모든 고난에서 건지시는도다
- 시편 34:19 -

주일에 보니 율이의 표정이 별로 안 좋았어. 약간 힘이 빠져 보인다고 할까? 율이가 밝고 명랑한 성격은 아니지만 축 늘어져 있지는 않거든. 무슨 일이 있었던 것 같아.

율이가 다니는 학원에서는 가끔 주일에도 수업을 한대. 그런데 율이가 주일에는 학원에 가지 않고 교회에 가야 한다고 이야기한 거야. 그랬더니 학원 선생님이 율이한테 뭐라고 했나 봐. 학원 친구들도 율이를 이해할 수 없다고 수군거리고.

율이는 하나님을 더 잘 믿기 위해 그렇게 했을 뿐인데, 왜 그런 어려움을 겪게 되는 걸까? 나는 학원에 다니지 않지만, 율이와 비슷한 일을 당하면 참 힘들 것 같아.

담임 쌤은 예수님을 믿는다고 해서 어려움을 겪지 않는 것은 아니라고 하셨어. 저번에 시험에 대해 배울 때도 비슷한 말을 들었던 것 같아. 특별히 예수님을 믿는 성도들이 당하는 어려움을 고난이라고 부른대.

고난에도 몇 가지 종류가 있대. 첫째로, 이 세상이 예수님을 싫어하기 때문에 받는 고난이 있대. 죄로 물든 세상은 하나님과 예수님을 싫어하거든. 그래서 예수님을 믿는 사람들이 고난을 받게 되는 거야. 율이처럼 말이야.

둘째로, 우리 안에 있는 죄 때문에 겪는 고난이 있대. 예수님을 믿는 사람들도 유혹에 넘어가 죄를 짓게 되잖아? 스스로 잘못해서 어려움을 겪는 경우도 있고, 죄를 지어서 다른 사람을 어렵게 하는 경우도 있지.

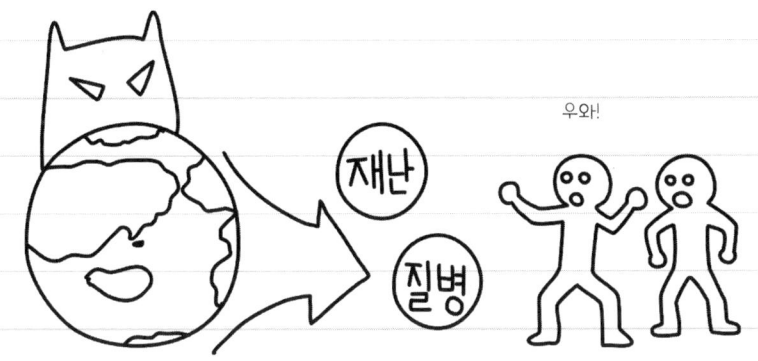

마지막으로, 이 세상이 죄 때문에 망가진 탓에 겪는 고난도 있대. 예를 들어, 지진 같은 자연재해나 질병 때문에 겪는 어려움이 있지. 고난에도 다양한 종류가 있더라고. 그런데 갑자기 무서워졌어. 나한테도 이런 고난이 닥쳐 오면 어떡하지?

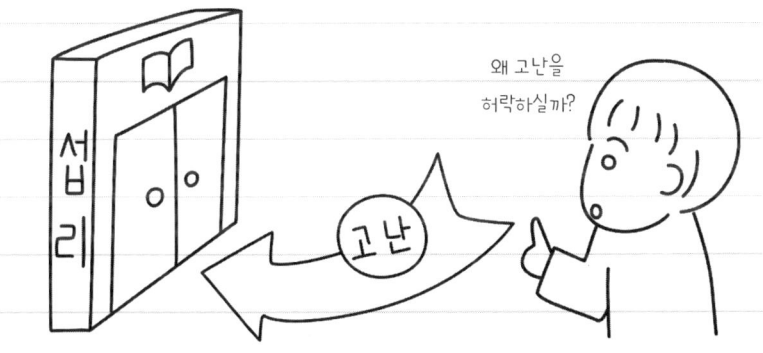

하지만 담임 쌤은 고난마저도 하나님의 섭리 안에 있다고 하셨어. 하나님이 고난도 다스리시기 때문에 사람은 하나님이 허락하셔야만 고난을 겪는 거지. 그렇다면 하나님은 왜 고난을 허락하실까? 설마 우리가 고생하는 것을 좋아하시는 걸까?

담임 쌤은 하나님께서 고난을 통해 우리에게 알려 주시는 것이 있다고 하셨어. 예를 들어, 고난을 겪을 때 우리는 죄가 얼마나 끔찍한지를 깨닫게 되지. 우리가 이 세상에서 겪는 고난은 결국 죄의 결과거든. 그래서 죄를 미워하고 회개하게 되는 거야.

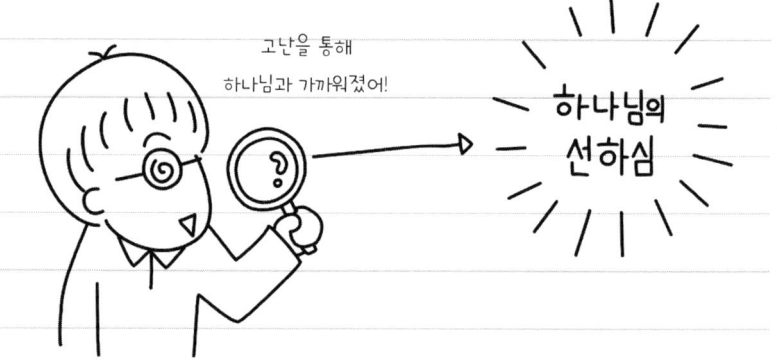

게다가 고난을 통해 우리가 하나님과 더 가까워진대. 고난이 닥치면 하나님께 더 의지하고 기도하게 될 테니 말이야. 그리고 하나님은 그런 우리에게 은혜를 베풀어 하나님이 얼마나 선하신 분인지를 가르쳐 주시지. 하나님께서 아무 의미 없이 고난을 허락하시는 것이 아니었어.

결국 하나님은 고난마저도 우리에게 유익하게 사용하셔. 고난도 선하게 바뀌어 하나님의 영광을 나타내게 되는 거지. 그래서 고난을 겪을 때는 하나님을 믿고 기도하면서 참고 기다려야 한대. 그 고난을 통해 하나님이 이루실 멋진 일을 기대하면서 말이야.

율이는 담임 쌤의 설명을 듣고서 기분이 좋아졌어. 하나님께서 율이가 겪는 어려움을 오히려 율이에게 유익하게 사용하실 거라고 믿게 되었거든.

- 26화 끝 -

주제와 관련된 말씀

□□당한 것이 내게 □□이라 이로 말미암아 내가 주의 율례들을 배우게 되었나이다.
_시편 119편 71절

무릇 그리스도 예수 안에서 □□하게 살고자 하는 자는 □□를 받으리라.
_디모데후서 3장 12절

함께 생각해 보기

1. 고난이란 무엇인가요? 고난에는 어떤 종류가 있나요?

2. 하나님은 왜 고난을 허락하실까요? 어려움을 겪을 때 우리는 어떤 믿음을 가져야 할까요?

하나님, 이 세상에서 죄 때문에 겪는 고난도 하나님의 섭리 안에 있다는 것을 배웠습니다. 하나님께서 모든 어려움과 고난을 오히려 우리에게 유익하게 사용하신다는 것을 믿게 해 주세요. 그리고 하나님을 의지하면서 하나님의 선하심을 경험하게 해 주세요. 예수님의 이름으로 기도합니다. 아멘.

이러므로 남자가 부모를 떠나
그의 아내와 합하여 둘이 한몸을 이룰지로다
- 창세기 2:24 -

드디어 담임 쌤과 진주 쌤의 결혼식 날이 다가왔어! 우리는 결혼식 전날 담임 쌤 집에 놀러 갔지. 결혼 전에 마지막으로 놀러 가는 것이니 말이야. 가 보니 담임 쌤은 신혼여행을 계획하고 있었어.

담임 쌤은 피곤해 보였지만 굉장히 행복해했어. 책 읽을 때랑 고기 먹을 때 말고 담임 쌤이 이렇게 행복해하는 것을 보기는 처음이었지. 결혼이 그렇게 좋은 걸까?

하루는 아직도 담임 쌤의 결혼을 받아들이지 못하나 봐. 그래서 오늘도 담임 쌤에게 날카롭게 질문했어. 독신으로 살면서 하나님을 위해 사는 것이 예수님을 더 잘 믿는 것 아니냐고 말이야. 결혼을 왜 하느냐는 질문이지.

담임 쌤은 결혼을 안 한다고 꼭 믿음이 더 좋은 것은 아니라고 하셨어. 오히려 하나님께서 하나님의 영광을 나타내려고 결혼이라는 제도를 직접 만드셨대. 모든 사람에게 다 결혼하라고 명령하신 것은 아니지만, 결혼을 통해 하나님께 영광 돌리도록 하셨다는 거야. 어떻게 그럴 수 있지?

하나님께 영광을 돌리는 방법 중 하나는 하나님을 닮는 거야. 담임 쌤은 결혼을 통해 하나님을 닮아 갈 수 있대. 하나님은 셋이면서 하나이신 분이잖아? 그 하나님께서 남자와 여자가 결혼해 사랑으로 하나 되도록 만드신 거야. 삼위일체 하나님을 닮은 모습으로 말이야.

담임 쌤은 결혼을 통해 사랑으로 하나 되는 가정을 이루어 갈수록 하나님께 더 영광을 돌리게 될 거라고 하셨어. 그래서 하나님의 영광을 위해 결혼하는 거래. 게다가 그것이 끝이 아니야. 하나님께서 결혼을 통해 우리에게 보여 주고 싶어하시는 것이 하나 더 있대. 그게 뭘까?

하나님은 결혼이라는 제도를 만드실 때, 그 결혼을 통해 예수님과 교회가 서로 사랑하는 모습이 얼마나 아름다운지를 비유적으로 보여 주고자 하셨대. 비유란 예를 들어 보여 주는 거야. 하나님은, 결혼을 통해 남편은 예수님의 모습을, 아내는 교회의 모습을 보여 주게 만드셨지.

예수님은 목숨을 다해 교회를 사랑하셨잖아? 남편은 그런 사랑의 모습을 보여 줘야 한대. 그리고 교회가 예수님을 사랑하고 따르듯, 아내도 그런 사랑과 순종의 모습을 보여 줘야 한대. 그래서 결혼을 통해 남편과 아내는 예수님과 교회가 나누는 사랑의 관계가 얼마나 아름다운지를 보여 주는 거야.

하나님은 왜 결혼을 통해 예수님과 교회의 모습을 보여 주려고 하셨을까? 담임 쌤은 천국이 얼마나 행복한 곳인지를 보여 주기 위해서라고 했어. 결혼은 천국에서 예수님과 함께 누릴 행복을 맛보게 해 주는 예고편이라는 거야.

정말 놀라웠어. 사람들은 행복해지기 위해 결혼하려고 하지만, 하나님께서 결혼을 만드신 진짜 이유는 잘 모르는 것 같아. 하지만 하나님의 뜻대로 결혼하게 되면, 하나님께 영광을 돌리고 천국에서 예수님과 함께 살아가는 것을 더욱 소망하게 될 거래.

아무튼 담임 쌤은 하나님의 영광을 위해 결혼했어. 두 분의 결혼식은 정말 아름답고 행복해 보였지. 나도 저렇게 아름다운 결혼을 할 수 있을까? 두 분이 하나님을 더 닮아 가고 예수님과 교회의 모습을 잘 보여 주면 좋겠어.

결혼식이 끝나고 담임 쌤과 진주 쌤은 비행기를 타고 신혼여행을 떠났어. 그런데 생각하지 못했던 게 하나 있었네. 담임 쌤이 결혼했으니 이제 예전처럼 맛있는 고기를 자주 먹지 못하는 거 아닌가? 어떡하지?

- 27화 끝 -

주제와 관련된 말씀

하나님이 자기 형상 곧 ☐☐☐의 ☐☐대로 ☐☐을 창조하시되 ☐☐ 와 ☐☐를 창조하시고.

_창세기 1장 27절

그러므로 사람이 부모를 떠나 그의 ☐☐와 합하여 그 ☐이 ☐ ☐☐가 될지니, 이 비밀이 크도다 나는 ☐☐☐☐와 ☐☐에 대하여 말하노라. 그러나 너희도 각각 자기의 아내 ☐☐하기를 자신같이 하고 아내도 자기 남편을 ☐☐하라.

_에베소서 5장 31-33절

함께 생각해 보기

1. 우리는 결혼을 통해 어떻게 하나님을 닮아 갈 수 있을까요?

2. 결혼을 통해 천국을 소망하게 되는 이유는 무엇일까요?

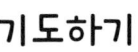

하나님, 결혼을 통해 하나님이 어떤 분인지를 드러내고 천국을 소망하게 만드셨다는 것을 배웠습니다. 결혼이 왜 아름다운 것인지를 올바로 알 수 있게 해 주세요. 그리고 하나님의 뜻대로 올바르게 결혼할 수 있도록 인도해 주세요. 예수님의 이름으로 기도합니다. 아멘.

서로 다른 부분 찾기

- 2권 끝-

신앙탐구노트 누리 2_성도의 생활 법칙

글·그림 | 이재국

펴낸곳 | 지평서원
펴낸이 | 박명규

편 집 | 정 은, 김희정, 김일용
마케팅 | 김정태

펴낸날 | 2017년 8월 10일 초판

서울 강남구 선릉로107길 15 (역삼동) 지평빌딩 06144
☎ 538-9640,1 Fax. 538-9642
등 록 | 1978. 3. 22. 제 1-129

값 11,000원
ISBN 978-89-6497-067-6-04230
ISBN 978-89-6497-061-4(세트)

메일주소 jipyung@jpbook.kr
홈페이지 www.jpbook.kr
페이스북 www.facebook.com/jipyung
트 위 터 @_jipyung